Manipulationstechniken

...erkennen, abwehren & im Alltag anwenden

Wie Sie durch Psychologie, Kommunikation & Rhetorik Menschen beeinflussen & manipulieren.

Menschen & Körpersprache lesen inkl. NLP

1. Auflage

2020

Inhaltsverzeichnis

Inhaltsverzeichnis 2

Vorwort...6

Manipulation – was ist das eigentlich? 8

Die zwei Formen der Manipulation 11

Bewertung der Manipulation – ist die gezielte Lenkung moralisch verwerflich? 13

Manipulation erkennen und abwehren 18

In welchen Zusammenhängen findet Manipulation überhaupt statt? 26

Manipulationstechniken 34

- Halo-Effekt 35
- Foot-in-the-door – eine weitere Manipulationstechnik 38
- Pacing – Spiegel des Gegenübers 40
- Push-and-Pull-Technik...42
- Umgekehrtes Verhalten erzeugen 43
- Informationen managen – eine besondere Manipulationstechnik...44
- Priming..46
- Die Angstfalle als Manipulationstechnik 46
- Schuldgefühle..47
- Die Opferrolle in der Manipulation 48
- Manipulation der Wahrheit 49
- Ablenkungstaktiken und Ablenkungsmanöver 52
- Verunsichern 54

TAKTIKEN DER VERWIRRUNG 54
SCHLECHTES GEWISSEN ERZEUGEN 55
VERSTÄRKUNGEN 56

Sprachliche Manipulation & Rhetorik 59

Körpersprache und Manipulation 68

Manipulation anwenden – clever und mit Gefühl 75

Mit Manipulation richtig umgehen 82

So manipulieren Sie sich selbst zum Erfolg........86

BONUS – NLP (Neurolinguistisches Programmieren) & Manipulation 89

DER ZUSAMMENHANG ZWISCHEN NLP UND MANIPULATION.........93
13 GRUNDLEGENDE ANNAHMEN DES NLP 94
NLP-TECHNIKEN – ZIELE RICHTIG FORMULIEREN UND ERFOLGREICH MANIPULIEREN..99

Zusammenfassung – NLP & Manipulation........ 105

Haftungsausschluss... 106

Urheberrecht.. 107

Impressum... 108

MIND EXPERTS

Über „Mind Experts":

Das Autoren-Team Helena Liebhardt, Steffen Goering und Henning Ostendorf begrüßt Sie! Wir möchten Ihnen dabei helfen, Ihren Geist zu stärken und somit Ihre Gesundheit und damit Ihr Leben zu verbessern.

In der heutigen Zeit ist Stress im Alltag und im Beruf stets präsent. Zeitknappheit und mangelnde Energie machen sich oft bemerkbar. Stress ist oft Auslöser von verschiedensten Krankheiten und führt nicht selten zu Depressionen.

Deshalb helfen wir Menschen dabei, sich starke, mentale Fähigkeiten anzueignen und ihr eigenes Selbst zu stärken. Ergebnis: Sich nicht von Stress und anderen Krankheitsauslösern der heutigen Welt beeinflussen zu lassen. Das Wissen, welches wir vermitteln möchten, kann jeder erlernen und direkt umsetzen.

In unseren Ratgebern finden Sie zahlreiche und wirksame Methoden, wie Sie sich selbst in eine neue, stärkere Version entwickeln können.

Beginnen Sie Ihre Reise jetzt und trainieren Sie Ihren Geist für das Leben, das Ihnen zusteht!

Vorwort

Kommt Ihnen folgende Situation bekannt vor: Sie gehen ins Einkaufszentrum und kommen letztendlich mit viel mehr nach Hause, als Sie eigentlich einkaufen wollten.

Oder Sie führen ein Gespräch mit einer Person und plötzlich entgleitet die Diskussion in eine völlig andere Richtung, als Sie das eigentlich beabsichtigt haben. In diesem Fall könnte es sein, dass Ihnen ein cleverer Rhetoriker gegenübersteht, der bestimmte Manipulationstechniken angewendet hat.

Manipulation begegnet uns im Grunde jeden Tag – im Alltag ebenso wie im Beruf. Wir werden oft manipuliert – von Freunden, Eltern, den Vorgesetzten, den Medien oder der Werbung. Häufig sind wir uns der verschiedenen Methoden und Techniken, die bereits im harmlosen Zweiergespräch auftauchen können, gar nicht bewusst.

Manipulation hat viele Gesichter und sie findet fast überall statt. Doch wer sie erkennen, bewusst wahrnehmen und sogar gezielt anwenden kann, profitiert von vielen Vorteilen. Mit dem Fachwissen aus diesem Buch können Sie nämlich gezielt potenzielle Manipulatoren entlarven und gekonnt darauf reagieren.

Des Weiteren kann es sehr hilfreich sein, die unterschiedlichen Manipulationstechniken nicht nur zu kennen, sondern auch für sich selbst in bestimmten Situationen einsetzen zu können, denn manipulative Techniken müssen keinesfalls immer negativ sein oder negative Ziele verfolgen.

In diesem Buch erfahren Sie mehr über die unterschiedlichen Manipulationstechniken, aber auch über die Körpersprache und die Rhetorik der Manipulation. So können Sie erlernen, wie Sie sprachliche Kommunikation und rhetorische Mittel clever einsetzen können. Dieses Buch verfolgt das Ziel, umfassend zum Thema „Manipulation" aufzuklären und Ihnen sowohl ihre positiven als auch ihre negativen Seiten vorzustellen.

Manipulation – was ist das eigentlich?

Der Begriff „Manipulation“ stammt aus der latein-ischen Sprache: „Manus“ bedeutet übersetzt „Hand“ und „plere“ bedeutet „füllen“. Manipulation ließe sich also übersetzen mit Geschicklichkeit oder Hand¬habung. Ursprünglich bezog sich dieser Begriff auf den Fachbereich der Technik und meinte die Fähig¬keit einer Person, ein Gerät sehr gut handhaben beziehungsweise bedienen zu können. Mittlerweile wurde die Bedeutung des Begriffs erweitert und zwar um die Fähigkeit, durch eine gezielte Steuerung und Einflussnahme Macht auf eine andere Person auszu¬üben.

In der heutigen Zeit wird dieser wichtige Terminus der Manipulation vor allem in der Psychologie, in der Politik und in der Soziologie verwendet. Die Mani¬pulation ist im Zusammenhang mit dem Begriff der Täuschung anderer Menschen eher negativ behaftet. Wird hingegen ein positives Resultat angestrebt, dann spricht man eher von einer „Kommunikation zur Überzeugung einer Person“.

Die Manipulation eines Menschen kann sich auf ganz unterschiedliche Weisen manifestieren, so zum Beispiel durch die Sprache: Durch gezielte Frage¬techniken wird hierbei eine Person in eine ganz bestimmte Richtung gelenkt.

In der Rhetorik wird die Manipulation als eine „verdeckte Einflussnahme" bezeichnet. Der Sprecher beeinflusst gezielt das Verhalten oder die Meinung seines Gesprächspartners, um ihn zu einer Handlung zu überreden oder ihn von einem Sachverhalt zu überzeugen. Hierfür gibt es verschiedene Manipulationstechniken, die ebenfalls als Lenkungstechniken bezeichnet werden. Überall, wo Menschen gemeinsame Strategien verfolgen, Kompro¬misse miteinander aushandeln oder „ergebnisorientierte Gespräche" miteinander führen, kommen Frage- und Manipulationstechniken zum Einsatz. Das hat sowohl für das Zweiergespräch Gültigkeit als auch für Diskussionen in größeren Teams oder Gruppen.

Ganz allgemein betrachtet ist die Manipulation ein alltägliches Geschehnis. Wenn ein Gesprächspartner zum Zuhören bewegt werden soll, wird alles getan, um die nötige Aufmerksamkeit zu erhalten. Das ist die mildeste Ausprägung der Manipulationstech¬niken, doch diese Lenkungsmethoden gibt es in unterschiedlichen Intensitäten und Formen: Es kann sogar so weit gehen, dass eine Person von einem bestimmten Vorhaben oder einer Aussage abgebracht werden soll, zum Beispiel im Rahmen einer Gerichtsverhandlung. Oder es geht darum, einen Menschen zu einer Handlung zu überreden, beispielsweise zu einem Vertragsabschluss oder zum Kauf eines Fahrzeugs.

Genaue Kenntnisse über diese Manipulations-tech-niken sind somit sehr wichtig, zum einen, um im Gespräch selbst eine genaue Richtung vorgeben zu können, und zum anderen, um genau zu verstehen, wann man selbst manipuliert und zu etwas gedrängt wird, was man unter Umständen gar nicht möchte.

Die zwei Formen der Manipulation

Manipulation gibt es in zwei unterschiedlichen Formen:

Unbewusste Manipulation

Diese wird im Rahmen jeder zwischenmenschlichen Kommunikation eingesetzt, so zum Beispiel in der Familie oder in der Partnerschaft. Täglich geht es hier um die Ausfechtung kleiner, subtiler Machtkämpfe, denn schließlich möchte jeder seinen Gesprächspart¬ner von seiner Idee oder seinem Vorhaben überzeugen und seine Meinung durchsetzen.

Gezielte Manipulation

Diese Form der Manipulation wird vor allem in der Wirtschaft, in den Medien und in der Politik eingesetzt. Doch selbst im beruflichen Umfeld findet sie sich immer wieder – zum Beispiel bei Gerichtsverhandlungen oder Bewerbungsgesprächen. Auch unter Kollegen kommt es immer wieder zu kleinen Machtspielchen und gezieltem taktischen Vorgehen, eben zur gezielten Manipulation.

Bewertung der Manipulation – ist die gezielte Lenkung moralisch verwerflich?

Grundsätzlich müssen Manipulationstechniken neu-tral bewertet werden. Essenziell ist immer die Frage, wie sie genutzt werden. Diese Techniken und Metho¬den können eingesetzt werden, um schlechte oder aber gute Absichten zu verfolgen. Die Manipulation lässt sich also metaphorisch mit einem Messer vergleichen: Einerseits können wir mit einem Messer Früchte, Gemüse oder Fleisch klein schneiden – also geschmackvolle Gerichte zubereiten. Andererseits können wir aber mit einem Messer zugleich andere Personen verletzen, zum Teil sogar lebensgefährlich oder tödlich. Dennoch sind Messer an sich noch lange nicht moralisch verwerflich.

Ganz genauso ist es mit der Manipulation: Es kommt nur auf die Art und Weise an, was mit ihrem Einsatz erreicht werden soll. Für sehr viele Menschen ist die Manipulation negativ behaftet, denn sie assoziieren diese Techniken mit einer suggestiven Beeinflussung des Willens anderer Menschen. Doch das ist so nicht ganz zutreffend, denn ebenso gut kann eine Mani¬pulationstechnik zum Eigenwohl des anderen zum Einsatz kommen, so zum Beispiel, um diesen Menschen von einer bestimmten gefährlichen Handlung abzuhalten oder ihn von einer gesundheitsfördernden Maßnahme zu überzeugen. Wenn die manipulierte Person also einen Nutzen aus der gezielten Lenkung zieht, dann handelt es sich um eine positive Manipulation.

Hier möchte ich Ihnen ein Beispiel für eine solche **positive Manipulation** geben:

Markus möchte sich für einen Job als Abteilungsleiter in einer Marketingagentur bewerben. Er zieht sich elegant an und bereitet alle seine Bewerbungs-unterlagen sehr professionell und optisch ansprechend vor. Er macht also einen richtigen guten Eindruck: Markus ist rhetorisch sehr geschickt und hat eine äußerst ansprechende Ausdrucksweise.

Unter Umständen hat er sich vorher informiert, wie er mit seiner Körpersprache ein größeres Selbstbewuss¬tsein und mehr Kompetenzen verkörpern kann.

Der Chef ist von der Qualifikation seines Bewerbers überzeugt und stellt Markus ein.

Hier könnte man sagen, dass Markus einen persönlichen Gewinn aus seiner Manipulation gezogen hat. Er hat den Job nicht nur aufgrund seiner guten fachlichen Qualifikationen bekommen, sondern auch weil er den richtigen Eindruck und die erforderliche Kompetenz vermitteln konnte.

Der Chef konnte hier ebenfalls einen Nutzen für sich herausziehen, denn er bekommt einen Mitarbeiter, der nicht nur fachlich sehr fähig ist, sondern auch viele soziale Kompetenzen mitbringt. Man könnte also sagen, dass es seine Win-win-Situation für beide Parteien ist.

In diesem Beispiel liegt aber definitiv eine Manipulation vor, denn Markus konnte durch seine Körpersprache und seine persönliche Rhetorik punkten! Somit hat der Chef seine Entscheidung nicht ausschließlich auf Grundlage der fachlichen Qualifikation gefällt. In diesem Fall hat Markus gegenüber anderen Bewerbern – die möglicherweise fachlich äußerst kompetent sind, aber rhetorisch weniger geschickt – einen deutlichen Vorsprung.

Ebenso gibt es natürlich eine **negative Form der Manipulation**.

Betrachten wir hierfür nochmals das oben genannte Beispiel:

Markus möchte sich für die Stelle als Abteilungsleiter bewerben und wird vom Chef zum Vorstellungs-gespräch eingeladen.

Er zieht sich elegant und ordentlich an und bereitet seine Bewerbungsunterlagen einwandfrei vor. Im Vorstellungsgespräch trägt er dann richtig dick auf und stellt all seine Fähigkeiten äußerst überzeugend dar. Er möchte den bestmöglichen Eindruck machen und nicht nur Sympathie, sondern auch Kompetenz vermitteln.

Der Chef ist überzeugt und stellt Markus ein.

Später stellt sich allerdings heraus, dass Markus seine Versprechungen aus dem Bewerbungsgespräch nicht einhalten kann: Er ist weder in der Lage, produktiv mit anderen Kollegen im Team zu arbeiten, noch denkt er vorausschauend oder ist fleißig. Der Eindruck, den er im Vorstellungsgespräch überzeu-gend suggerieren wollte, konnte sich in der Realität nicht bestätigen.

Markus profitiert nun von seiner bewussten Manipulation, denn er hat die Stelle bekommen, indem er ein gewisses Bild von sich selbst vorge-täuscht hat.

Wenn seine mangelnden Fähigkeiten nicht bereits in der Probezeit auffallen, profitiert Markus sogar langfristig vom Manipulieren. Er könnte beispielsweise seine Kollegen immer wieder dazu bringen, bestimmte Arbeiten für ihn zu übernehmen oder ihm im Fall des Falles zu helfen.

Fällt der falsch vermittelte Eindruck hingegen schon in den ersten Wochen oder Monaten auf, so hat er eher einen kurzen Nutzen davon.

Der Chef hat hingegen überhaupt keine Vorteile, denn er hat einen inkompetenten Mitarbeiter eingestellt, der das Unternehmen nicht vorwärtsbringen kann und ebenso wenig zu einem harmonischen Miteinander in der Firma beiträgt. Er hat sich von dem vermittelten Eindruck täuschen lassen und wurde „negativ manipuliert“.

Wenn es um die Bewertung einer Manipulation geht, kommt es also immer auf die korrekte Anwendung an: Diese macht nämlich den signifikanten Unterschied.

Manipulation erkennen und abwehren

Warum schaffen es einige Menschen, andere immer wieder zu Handlungen oder Verhaltensweisen zu bringen, die diese eigentlich gar nicht machen möchten? Warum nehmen wir Standpunkte ein oder vertreten Argumente, obwohl wir im Grunde deutlich spüren, dass das gegen unseren Willen und unsere eigentlichen Interessen geht? Die Antwort auf diese Fragestellungen lautet: Weil wir manipuliert werden.

In den meisten Fällten geht das so geschickt vonstat¬ten, dass die manipulierte Person gar nicht wirklich bemerkt, was mit ihr passiert.

Im Grunde möchte kein Mensch negativ manipuliert werden, denn das bringt im Wesentlichen nur Nachteile mit sich. Aus diesem Grund ist es von essenzieller Bedeutung, Manipulationen und Manipu¬lationsversuche zu erkennen und gekonnt abzuweh¬ren.

Damit das aber erfolgreich gelingen kann, ist es entscheidend, anderen Menschen sehr gut zuzuhör-en und die jeweilige Situation ganz aufmerksam unter die Lupe zu nehmen. Wir werden heutzutage mit einer solchen Fülle an Ablenkungsmöglichkeiten und medialen Angeboten konfrontiert, dass wir das aktive Zuhören im Grunde kaum mehr wirklich beherrschen.

Dabei müssen wir uns haarklein auf den Gesprächspartner einlassen und ganz aufmerksam auf seine Wortwahl achten, um manipulative Techniken zu erkennen.

Hierbei sind vor allem folgende Aspekte von großer Bedeutung:

Auf die Wortwahl achten

Achten Sie unbedingt darauf, wie Ihr Gesprächs-partner seine Worte wählt, denn die üblichen Manipulationstechniken hängen häufig mit der Wortwahl zusammen.

In der Regel hören wir unserem Gesprächspartner nur mit halbem Ohr zu: Das liegt vor allem daran, dass wir direkt nach Beendigung seiner Ausführungen Kontra geben wollen. Ein wirklich guter Zuhörer – und übrigens auch ein Manipulator – hat jedoch ein sehr feines Gehör. Um der anderen Person wirklich das Wort im Mund umdrehen zu können, ist es von zentraler Bedeutung, genau zu wissen, was diejenige Person gesagt hat.

Manipulieren und Sprechen könnten mit einem Schachspiel verglichen werden: Hier sollten keine unüberlegten Spielzüge gemacht werden, wenn man nicht verlieren möchte. Es geht um schnelles und cleveres Mitdenken, dadurch steigt die Wahrscheinlichkeit für einen Sieg.

Welche Absicht könnte hinter der Manipulation stecken?

In einigen Fällen ist die Absicht hinter einer Manipulation ganz eindeutig und entsprechend klar erkennbar. Manchmal ist eine Manipulation aber so perfekt, dass es richtig schwierig ist, die echten Beweggründe des Gesprächspartners zu erkennen.

Denken Sie zunächst einmal darüber nach, warum Sie überhaupt eine Manipulation im Gespräch vermuten. Fühlen Sie sich unter Umständen von der anderen Person ausgenutzt oder sind Sie der Meinung, dass diese Sie dazu bringen möchte, Ihre Entscheidungen nach ihr auszurichten?

Der Grat zwischen einer „Wahnvorstellung“ und dem Erkennen eines tatsächlich vorhandenen Manipulationsversuchs ist oftmals sehr schmal. So ist es beispielsweise manchmal gar nicht so einfach, genau zu unterscheiden, ob der Chef einen gelobt hat, damit man noch mehr Arbeit übernimmt, oder weil ihn tatsächlich die Leistung überzeugt hat.

Die Reaktionen anderer Menschen beachten

Manipuliert werden kann nicht nur ein einzelner Mensch, sondern auch eine gesamte Gruppe. Das Verhalten anderer Menschen ist nicht immer ein zuverlässiger Richtwert, um manipulative Einflüsse zu erkennen, doch an anderen Menschen lassen sich auf jeden Fall gewisse Gruppendynamiken erkennen. Denken Sie doch einmal an die Zeit des Nationalsozialismus zurück und überlegen Sie, wie es nur sein konnte, dass so viele Menschen Adolf Hitler und seinen Ideologien nachfolgten und ihn als eine Art „Idol" ansahen. Wenn wir diese Zeit heute als Außenstehende betrachten, ist dieser Mensch in unseren Augen ein unfassbares Monstrum gewesen.

Eine nicht nachvollziehbare Reaktion anderer Menschen kann also durchaus ein Hinweis auf eine Massenbeeinflussung und eine Massenmanipulation sein. Wenn Sie zum Beispiel beobachten, wie eine Person Ihre Meinung plötzlich ändert, nur weil ein anderer Mensch sie dazu überredet hat, könnte hier eine Manipulation im Spiel sein. In einem solchen Fall ist die wichtige Frage nur: Handelt es sich tatsächlich um eine Überredung beziehungsweise eine Mani¬pulation oder eher um eine Überzeugung dieser Person mit stichhaltigen Argumenten?

Hinterfragen!

Fragen Sie sich immer wieder – am besten bei jeder Aussage Ihres Gegenübers – ob das Gesagte so wirklich stimmen kann. Kann das richtig sein, was Ihr Gesprächspartner da so darstellt? Bezieht er sich auf vermeintliche Autoritäten oder undurchsichtige Quellen, nur um einem sachlich-fachlichen Austausch mit Ihnen auszuweichen?

Ein essenziell wichtiger Schritt, um eine Manipulation aufzudecken, ist es, kritisch zu bleiben! Hinterfragen Sie Dinge, die vermeintlich selbstverständlich erscheinen, und wagen Sie es ruhig, an dem Gesagten zu zweifeln.

Selbst wenn eine Person sehr überzeugend oder charismatisch wirkt, sollten Sie sich fragen, ob ihr Einfluss auf Sie und auf andere Menschen tatsächlich so positiv zu bewerten ist.

Denken Sie doch einmal an Ihre Jugendzeit zurück: Bestimmt hatten Sie eine Freundin oder einen Freund, den Ihre Eltern ganz unausstehlich und unpassend fanden, doch Sie selbst waren unsterblich in diesen Menschen verliebt! Es kann durchaus sein, dass Ihre Eltern ein fragwürdiges Verhalten erkannt haben und Ihre Freundin oder Freund der Manipu¬lation verdächtigten. Es hätte jedoch überhaupt keinen Sinn gemacht, auf Sie einzureden, denn eine sinnvolle Argumentation oder Gesprächs¬führung wäre überhaupt nicht möglich gewesen.

Wir erkennen häufig erst im Nachhinein, dass wir manipuliert wurden, denn manchmal sind die wahren Absichten unseres Gegenübers sehr gut versteckt. Es ist oft nicht so leicht, Hintergründe zu durchblicken, und daher ist es unverzichtbar, kritisch an eine Situation heranzugehen und clever einzuschätzen.

Doch was ist nun zu tun, wenn Sie eine Manipulation als solche erkannt haben?

Es ist ratsam, nicht sofort kundzutun, wenn Sie eine Manipulation aufgedeckt haben, sondern sich erst einmal rückzuversichern.

Sie können den Manipulator am besten überführen, wenn Sie seine Person ganz aufmerksam unter die Lupe nehmen – im Idealfall in Anwesenheit Ihrer Mitmenschen.

Zunächst einmal sollten Sie **Rückfragen stellen**. Haben Sie das Gefühl, dass Ihr Gesprächspartner mit Worten jongliert, die nichts mit der Sache zu tun haben, oder Zahlen benennt, die überhaupt nicht stimmen können? Möchte sie oder er unter Umständen vom eigentlichen Thema ablenken? Dann sollten Sie unbedingt damit beginnen, Fragen zu stellen.

Wenn beispielsweise im beruflichen Kontext eine Person Kompetenz vortäuschen möchte, dann will sie keine weiteren Fragen beantworten, vor allem solche nicht, die ein tiefgehendes und weiterführendes Wissen erfordern. Doch genau dann sollten Sie ins Detail gehen! Fragen Sie zum Beispiel nach, woher die genannten Zahlen kommen oder warum eine dargestellte Vorgehensweise unbedingt notwendig ist.

Wenn sich der Manipulator im Vorfeld nicht ordentlich auf das Gespräch mit Ihnen vorbereitet hat, dann wird sich an dieser Stelle eine große Unsicherheit zeigen, die Sie immer weiter zum Vorschein holen können. So kann es beispielsweise sein, dass der Manipulator von seiner Absicht abweicht und Sie ihn sozusagen enttarnt haben. Das mag auf den ersten Blick einfach klingen, doch es kann in der Realität ziemlich komplex sein, denn um diesen Schritt überhaupt so gehen zu können, müssen Sie zunächst einmal die Manipulation eindeutig erkannt haben. Sie müssen hier also auf die kleinsten Details achten.

Die nächste wichtige Maßnahme, nachdem Sie eine Manipulation erkannt haben, ist die **Überprüfung**. Wenn sich eine manipulierende Person zum Beispiel durch eine berufliche Fragerunde oder ein Vorstellungsgespräch schummeln konnte, sollten Sie die Aussagen oder die Argrumente dieser Person nochmals überprüfen: Sind die angegebenen Quellen korrekt? Stimmen die Aussagen mit den

Zeugnissen, Empfehlungsschreiben oder dem Lebenslauf überein?

Vor allem in sachlichen und beruflichen Situationen ist eine solche Vorgehensweise wirklich sinnvoll, denn auf diese Weise können Sie unangenehme Überraschungen vermeiden und sich nochmal rückversichern oder eben bestimmte Darstellungen widerlegen.

Problematisch wird das in persönlichen Situationen wie etwa im Freundes- oder Familienkreis. Sie müssen sich gut überlegen, was Sie überprüfen möchten, und vor allen Dingen, ob das wirklich notwendig und sinnvoll ist.

Zudem sollten Sie **ruhig bleiben**, auch wenn es sich um eine persönliche Manipulation handelt. Versuch¬en Sie, sich nicht aufzuregen, nicht rot anzulaufen und auch nicht zu explodieren, sondern auf einer Ebene zu bleiben, auf der Sie noch mit Ihrem Gesprächspartner auf Augenhöhe diskutieren können.

In welchen Zusammenhängen findet Manipulation überhaupt statt?

Manipulation findet in vielen verschiedenen Berei-chen statt, nicht nur zwischen zwei Menschen, sondern auch in der Öffentlichkeit, in den Medien oder im beruflichen Umfeld.

In den folgenden Bereichen sind Manipulationen am weitesten verbreitet:

- Familie & Partnerschaft
- Freundeskreis
- Politik
- Medien
- Beruf

Sehr verbreitet ist die **Manipulation in der Familie**. So manipulieren beispielsweise Jugendliche sehr häufig, denn sie versuchen, ihre Autonomie zu entdecken. In der Kindheit haben in der Regel die Eltern noch einen maßgeblichen Einfluss auf die Kinder und diese übernehmen die Überzeugungen von Mutter und Vater ganz selbstverständlich. Mit fortschreitendem Lebensalter kommen immer neue eigene Wünsche, Vorstellungen und Überzeugungen hinzu.

Stellen Sie sich zum Beispiel folgende Szene vor: Die Mutter erlaubt ihrer 16-jährigen Tochter nicht, am Montagabend ein Konzert zu besuchen. Darauf reagiert die Tochter, indem sie sich am nächsten Tag die Haare grün färbt. Das mag auf den ersten Blick keine Manipulation sein, doch auf einer tiefgrün¬digeren Ebene ist es eine: Die äußere Botschaft, die der Mutter vermittelt werden soll, sind die grünen Haare. Die eigentliche Absicht der Tochter liegt jedoch darin, die eigene Entscheidungskraft unter Beweis zu stellen.

Kinder und Eltern geraten im Erziehungsalltag immer häufiger aneinander und auch die jeweiligen Macht¬strukturen entwickeln sich immer weiter.

In der Partnerschaft kann es ebenfalls zu Manipulationen kommen: So kann es beispielsweise sein, dass der Mann lange im Büro arbeitet, was der Frau missfällt. Diese Unzufriedenheit macht sie ihrem Ehemann dadurch deutlich, dass sie nicht mehr mit ihm spricht. Hier kommt sozusagen eine intrans¬parente Manipulation zum Vorschein: Die eigentliche Absicht der Frau wird auf eine intransparente Art und Weise kommuniziert und durch ihr Schweigen verschleiert.

Sogar in **Freundschaften** kommen Manipulationen vor. Denken Sie doch einmal an Ihren besten Freund oder die beste Freundin. Warum sind Sie ausgerechnet mit ihm oder ihr befreundet? Was macht diese Person so besonders? Auf diese Fragestellungen lassen sich kaum objektive Antworten finden, denn in der Regel kann eine Freundschaft nicht stichhaltig begründet werden. Freundschaften entstehen meistens durch bestimmte Lebenssituationen, die man gemeinsam durchlebt hat. Zudem „beeinflussen" uns ebenso die Einstellungen, die Überzeugungen oder der Humor des anderen, wenn wir Freundschaften knüpfen. Wir machen uns kaum Gedanken darüber, warum wir ausgerechnet mit diesem einen Menschen so gut befreundet sind.

Im Grunde genommen hängt jede Freundschaft immer mit einer Art positiver Manipulation zusam-men, es sei denn, sie ist berechnend oder aus rein pragmatischen Gründen geknüpft worden. Man gibt sich gegenseitig etwas, aber so, dass beide mit dem erzielten Nutzen zufrieden sind.

Natürlich kann es aber selbst bei Freundschaften immer wieder zu negativen Manipulationen kommen, so beispielsweise, wenn einer der Freunde schlecht Nein sagen kann und vom anderen immer um Geld oder einen sonstigen Gefallen gebeten wird. In einem solchen Fall wird die Schwäche des anderen für die eigenen Interessen ausgenutzt.

Wenn die eigene Lage zusätzlich noch ganz dramatisch dargestellt wird, um die Dringlichkeit des Gefallens zu betonen, handelt es sich eindeutig um eine negative Manipulation. Das könnte zum Beispiel folgendermaßen aussehen:

„Mir geht es so schlecht! Ich bin so verzweifelt. Ich wüsste jetzt gar nicht, was ich tun soll. Nur du kannst mir jetzt noch helfen!“

Aussagen wie zum Beispiel *„Du hast es doch viel besser als ich“* sind sogar hochgradig negativ manipulativ. Hier wird der andere nämlich in eine ganz ungute Situation gebracht: Ihm wird das Gefühl vermittelt, dass er in einer deutlich besser gestellten Position sei und praktisch gar nicht das Recht hat, die Bitte abzuweisen.

In der **Politik** ist Manipulation praktisch an der Tagesordnung. Jeder Politiker, der mit großen Versprechungen und hochgestochener Sprache versucht, andere zu einer Handlung zu überreden, handelt manipulativ. Die Manipulation im politischen Bereich zeigt sich vor allem bei großen Wahlversprechen, bei denen sich aber bereits kurz darauf herausstellt, dass sie unrealistisch sind oder waren. Oftmals ist es dann aber leider schon zu spät und man hat bereits gewählt.

Ebenso erleben wir täglich die unterschiedlichsten Formen von **Manipulation über die Medien:** Hier begegnen uns täglich vermeintliche Fakten und Experten, verzerrte Darstellungen oder Bildmanipu-lationen! Vielfach entsteht über die Medien ein falscher Eindruck: Bunte Überschriften, permanente Werbeeinblendungen oder große Versprechungen sollen für einen Wow-Effekt sorgen und die Aufmerksamkeit der Verbraucher erregen.

Insbesondere soziale Netzwerke wie Facebook, Twitter, Instagram & Co. bieten viel Raum für falsche Darstellungen und Manipulationen. Die Bilder zeigen Menschen, die ihr Leben scheinbar perfekt im Griff haben, immer gesund essen, eine perfekt gepflegte Haut haben und rund um die Uhr glücklich sind. Genau dieses perfekte und sorglose Leben wollen uns ebenso die Medien immer wieder vermitteln, doch leider scheint das im Alltag nur schwer umsetzbar zu sein.

Auch die Medien bieten positive und negative Manipulationen: Wenn es um eine positive Manipulation geht, dann soll bei den Verbrauchern hauptsächlich die Motivation zu einem Kauf oder einer bestimmten Handlung geweckt werden. Die Menschen in der Werbung oder Influencer in den sozialen Netzwerken fungieren als Vorbildfunktion und wollen dazu anregen, mit dem Rauchen aufzuhören, mehr Sport zu treiben, sich kreativ zu betätigen oder gesünder zu ernähren. Auch Prominente, Profisportler oder Künstler, die uns auf vielen Onlineplattformen oder im TV begegnen, wollen uns aktiv und positiv beeinflussen.

Es kann aber genauso negative Manipulationen geben, so zum Beispiel, wenn es um vermeintliche Geheimtipps geht. Vor allem die Werbung drängt sich hier sehr penetrant auf und verlockt mit falschen Fakten: Durch geschickte Video- und Bildmanipulationen soll eine neue Pflegeserie den Eindruck vermitteln, dass sie die Beautylösung für strahlend schöne und reine Haut ist. Die Verbraucher sollen sie am besten innerhalb von Sekunden kaufen, ohne lange darüber nachzudenken.

Im **beruflichen Umfeld** tauchen ebenfalls immer wieder Manipulationen auf. Hierbei kann sich die Manipulation auf Einzelpersonen oder auf Gruppen beziehen. Dabei kann es sich im Allgemeinen um folgende Situationen handeln:

- Manipulationen durch den Vorgesetzten
- manipulative Handlungen durch Kollegen im beruflichen Alltag
- Manipulationen durch Kollegen in einem Team / Projekt

Vor allem zwischen dem Arbeitgeber und den Mitarbeitern können bewusst Manipulationen zum Einsatz kommen, denn hier liegt fast immer ein Machtgefälle vor.

Eine positive Manipulation durch den Vorgesetzten liegt zum Beispiel vor, wenn die Motivation oder die Produktivität der Mitarbeiter gefördert wird – beispielsweise durch die Vergabe von Bonuszahlungen oder Prämien. Auch eine Beförderung ist ein sehr guter Manipulationsfaktor.

Eine negative Manipulation liegt hingegen dann vor, wenn der Vorgesetzte den Mitarbeiter „ausnutzt“: Wenn beispielsweise eine Bonuszahlung oder eine Beförderung nur in Aussicht gestellt wird, damit der Mitarbeiter mehr arbeitet, sie aber niemals zustande kommen sollen, ist das eine negative Manipulation. Der Mitarbeiter wird in einem solchen Fall „benutzt“ und dazu angeleitet, mehr Arbeit zu übernehmen und Überstunden zu machen.

Ebenso können Arbeitskollegen manipulativ handeln. Eine positive Form der Manipulation liegt vor, wenn die Kollegen besonders zuvorkommend sind, denn eine angenehme Atmosphäre im Team ist motivierend und steigert die Produktivität. Man weiß die Kollegen zu schätzen und vertraut darauf, dass man sich immer aufeinander verlassen kann.

Negativ wird es aber, wenn bestehende Machtstrukturen ausgenutzt werden, wenn es also darum geht, den Eigenvorteil zu maximieren und das auf Kosten der anderen. Ein solcher Fall ist besonders bei Praktikanten oder Aushilfen zu beobachten: Ihnen werden häufig die langweiligen und unliebsamen Aufgaben übertragen, die aber andere Kollegen in gleicher Weise zu erledigen hätten oder tun könnten.

Manipulationstechniken

Manipulation ist ein sehr vielseitiges Phänomen, das viele Gesichter hat. Sie wird überall im Alltag angewendet, auch wenn wir uns dessen oft gar nicht bewusst sind. Aus diesem Grund ist es äußerst hilfreich, sich mit den unterschiedlichen Formen, Strukturen und Techniken der Manipulation auseinanderzusetzen, um den zahlreichen Manipulatoren schnell auf die Schliche zu kommen und den Spieß zum eigenen Vorteil umzudrehen.

Manipulation ist, wie bereits erwähnt, an sich nichts Schlimmes oder Verwerfliches, denn sie kann sowohl auf positive als auch auf negative Weise eingesetzt werden. Es ist somit nur hilfreich und nützlich, wenn wir in so manchen Situationen genau wissen, was mit uns geschieht.

Wenn Sie sich der unterschiedlichen Manipulationstechniken bewusst sind, können Sie manipulatives Verhalten viel leichter und schneller aufdecken und sich somit auch besser davor schützen. So sind Sie bestens auf die verschiedenen Alltagssituationen vorbereitet, sodass man Ihnen nicht einfach in verschiedenen Verkaufsgesprächen etwas aufschwatzen kann, was Sie im Grunde gar nicht benötigen. Außerdem ermöglicht Ihnen die

Kenntnis und die Beherrschung der unterschiedlichen Manipulationstechniken, Ihre eigenen Forderungen erfolgreicher durchzusetzen.

Hier finden Sie die wichtigsten Manipulationstechniken im Überblick:

Halo-Effekt

Der Begriff Halo stammt aus dem Englischen und lässt sich übersetzen mit „Heiligenschein“.

Der Halo-Effekt ist im Grunde ein Fehler bei der Beurteilung von Personen, also ein Urteilsfehler. Ein einziges Personenmerkmal wird als so dominant angesehen, dass andere Persönlichkeitseigenschaften und Merkmale dadurch in den Hintergrund gedrängt werden. Des Weiteren wird von diesem dominanten Merkmal ausgehend auf alle weiteren Persönlichkeitseigenschaften dieses Menschen geschlossen, ohne eine objektive Bewertungsgrundlage.

So betritt beispielsweise ein selbstbewusster Mensch einen Raum und seine Selbstsicherheit überstrahlt all seine anderen Persönlichkeitseigenschaften. Der „Heiligenschein“ führt also zu einer Verzerrung beziehungsweise einer verzerrten Wahrnehmung dieser Person.

In der Sozialpsychologie wird das als eine „kognitive Verzerrung“ bezeichnet: Obwohl man die jeweilige Person überhaupt nicht kennt, wird allein ihr selbstsicheres Auftreten wahrgenommen. Dieses Merkmal überstrahlt alle anderen Eigenschaften, die dieser Mensch eigentlich besitzt. Von dieser bekannten, sichtbaren Eigenschaft, der Selbstsicherheit, wird gleichzeitig auf andere unbekannte Persönlichkeitsmerkmale geschlossen, die aber in der Realität gar nicht zutreffend sein müssen.

Diese Manipulationstechnik wird vor allem in der Werbung verwendet: Ein Unternehmen möchte dadurch sein Produkt in einem ganz bestimmten Licht präsentieren und bemüht sich von der ersten Sekunde an, die Wahrnehmung dieses Produktes durch die Verbraucher nachhaltig zu beeinflussen. Doch auch Sie können sich den Halo-Effekt zunutze machen! Hier kommt es vor allem darauf an, auf die eigene Außenwirkung zu achten, denn wie sagt das bekannte Sprichwort so wahr:

„Für den ersten Eindruck gibt es keine zweite Chance!“

Das bedeutet also: Der erste Eindruck, den eine fremde Person bei Ihnen hinterlässt, bestimmt das Verhältnis zwischen Ihnen beiden. Dasselbe gilt für die erste Charaktereigenschaft, die Sie von der Person erfahren: Und diese Eigenschaft überstrahlt dann alle anderen Merkmale dieser Person, selbst dann, wenn Sie sie persönlich und näher kennenlernen.

So kann es dazu kommen, dass:

- ein sparsamer Mensch für einen Geizhals gehalten wird,
- ein schüchterner Mensch als arrogant und eingebildet wahrgenommen wird.

Die Erklärung dafür ist im Grunde ganz simpel: Das menschliche Gehirn versucht immer, neue Informationen mit bereits gespeicherten Daten, Informationen und Fakten abzugleichen und auf diese Weise ein Gesamtbild zu erstellen. In gewisser Weise trickst uns das Hirn aber dadurch aus.

Betrachten Sie sich selbst einmal kritisch! Haben Sie sich schon einmal dabei ertappt, wie Sie voreingenommen einen Menschen abgestempelt oder verurteilt haben? Dann könnte dies aufgrund des Halo-Effekts geschehen sein.

Versuchen Sie daher gezielt, jeder Person ganz unvoreingenommen eine Chance zu geben und sich nicht zu voreilig ein Bild von ihr zu machen.

Foot-in-the-door – eine weitere Manipulationstechnik

Diese Manipulationstechnik zielt vor allem darauf ab, dass Sie einen anderen Menschen zunächst einmal um einen kleinen Gefallen bitten. Auf diese Weise machen Sie sich diese Person gefügig und bitten sie anschließend um einen größeren Gefallen.

Durch die kleine Bitte gewinnen Sie zunächst das Vertrauen dieses Menschen: Dadurch haben Sie sozusagen schon einmal einen „Fuß in der Tür“ für nachfolgende und noch größere Bitten um Gefälligkeiten.

Hier wird das Manipulationsopfer sozusagen langsam in ein Netz gelockt und anschließend nicht mehr „freigelassen“.

Psychologen sprechen in diesem Zusammenhang ebenfalls von einer sogenannten sukzessiven Annährung. Je mehr ein Mensch bei kleineren Fragen, Wünschen und Bitten nachgibt, desto größer ist die Wahrscheinlichkeit, dass dieser Mensch ebenso bei größeren Bitten – im Laufe der Zeit – nachgibt, denn er fühlt sich dann irgendwie dazu verpflichtet.

Das einstige Erfüllen einer Bitte, die einmal eingegangene Verpflichtung, verschafft dieser Person ein helfendes und positives Selbstbild und dieses möchte dieser Mensch auf keinen Fall mehr verlieren.

Wenn Sie diesen helfenden Menschen nun sogar noch loben, verstärken Sie sein Verhalten und er wird mit noch größerer Wahrscheinlichkeit erneut helfen wollen.

So wird der andere Mensch für die eigenen Wünsche instrumentalisiert.

Dieser Manipulationstechnik begegnen wir nahezu täglich: im Geschäft, in der Stadt oder im örtlichen Supermarkt. Kleine Probierstände, kostenlose Duftproben oder Zeitschriften-Abos locken praktisch an jeder Ecke! Ehe Sie es sich versehen, haben Sie die Zeitschrift für ein Jahr abonniert, das Parfüm gekauft und das Getränk vom Probierstand im Sechserpack in Ihrer Tasche.

Der Spieß kann jedoch ebenso umgedreht werden, von der „Foot-in-the-door"-Technik zur sogenannten **„Door-in-the-face"-Technik**: Bei dieser Technik wird in einem ersten Schritt um einen sehr ausgefallenen oder übertriebenen Gefallen gebeten. Das macht es leichter, darauffolgende mildere Bitten tatsächlich problemlos erfüllt zu bekommen.

Pacing – Spiegel des Gegenübers

Dieser Begriff stammt aus der Neurolinguistik, genauer gesagt aus dem NLP, dem Neurolinguistischen Programmieren. Wörtlich übersetzt bedeutet es, mit seinem Gegenüber Schritt zu halten. Das Schritthalten geht oftmals mit dem Führen einher – es verbinden sich also Pacing mit Leading.

Das bedeutet Folgendes: Zunächst einmal gewinnen Sie das Vertrauen einer bestimmten Person. Anschließend versuchen Sie, über das gewonnene Vertrauen diese Person auszunutzen und Ihre eigenen Interessen durchzusetzen. Der Kern dieser Technik besteht darin, das eigene Verhalten ganz bewusst dem Verhalten der zu beeinflussenden Person anzugleichen und zwar aus einem ganz simplen Grund: Durch die Verhaltensangleichung beziehungsweise Nachahmung wird eine harmonische, verständnisvolle und positive Atmosphäre erzeugt.

Die Angleichung kann auf unterschiedlichen zwischenmenschlichen Kommunikationsebenen stattfinden:

Stimme

Angleichen der Sprechgeschwindigkeit, der Sprechmelodie, der Stimmlage und / oder der Lautstärke.

Körpersprache

Angleichen der Körperhaltung oder der Gestik.

Sprache

Es werden dieselben Wörter verwendet und auch sprachliche Fachbegriffe oder Besonderheiten werden dem Gegenüber angeglichen.

Mimik

Angleichen des Gesichtsausdrucks.

Beim Pacing ist jedoch unbedingt auf die passende Dosis sowie auf eine respektvolle Art und Weise zu achten, denn ansonsten kann es leicht zum Gegenteil kommen und der Gesprächspartner beginnt, Ihnen zu misstrauen.

Nach einer erfolgreichen Angleichung kommt es schließlich zum Führen – zum Leading. Hierbei wird das gewonnene Vertrauen so eingesetzt, dass die eigenen Interessen und Wünsche durchgesetzt und realisiert werden können. Dabei führt die manipulierende Person das Gespräch meistens durch rhetorische Kommunikationsmittel zu seinen Gunsten.

Push-and-Pull-Technik

Mit dieser Technik wird die Beziehung zum Manipulationsopfer regelrecht untergraben: In manchen Momenten ist die Beziehung ganz innig, vertrauensvoll und eng, dann wiederum wird dieser Mensch auf Abstand gehalten – und das scheinbar ohne erkennbaren Grund!

Diese Manipulationstechnik findet häufig unbewusst in (Paar-)Beziehungen statt. Häufig ist sich der Manipulator gar nicht darüber bewusst, dass er diese Technik anwendet. Er behandelt einen Menschen mal gut, dann wiederum schlecht – jedoch immer vollkommen losgelöst von dem Umgang, den der jeweilige Mensch in diesem Augenblick eigentlich verdient hätte. Der Grund hierfür ist oft eine psychologisch-emotionale Persönlichkeitsstörung: Die Betroffenen kämpfen mit intensiven Gefühlen, die sich permanent ändern.

Beispiel:

Ein Mann schlägt seine Frau, sagt ihr aber kurze Zeit später, dass sie doch eigentlich das Wichtigste in seinem Leben sei.

Ein Vater gibt den finanziellen Familienunterhalt permanent für Alkohol aus und bittet anschließend seine Frau und seine Kinder weinend um Vergebung.

Im Alltag ist das eine sehr komplexe Sache, denn die Gefühlswelt dieser Manipulierer wechselt im Grunde permanent. Es ist von großer Bedeutung zu wissen, dass man selbst für deren Stimmungsschwankungen und ihr Verhalten nicht verantwortlich ist.

In einem geringen Ausmaß sind diese Manipulationstechniken kaum der Rede wert. Wenn sie jedoch zu extrem werden und Personen verletzen, sollte sich ein Manipulator unbedingt zurückhalten!

Umgekehrtes Verhalten erzeugen

Der Manipulator ist meistens derjenige, der einen bestimmten Wunsch hegt. Allerdings ist es aber in der Regel doch deutlich angenehmer, derjenige zu sein, der einer anderen Person einen Wunsch erfüllt. Hier geht es also darum, den Spieß umzudrehen und einem Menschen das Gefühl zu geben, dass man ihm unbedingt einen Gefallen tun will.

Der Manipulator geht folgendermaßen vor: Er erweist Ihnen immer wieder kleine Gefälligkeiten, die Ihnen zeigen sollen, dass er an sie denkt. Dabei geht es aber nur um kleine Gefallen, die eines kaum nennenswerten oder keines Aufwands bedürfen.

Während Sie sich darüber freuen, steigt in Ihnen die Bereitschaft, diesem Menschen selbst einen Gefallen zu erweisen. Die Reaktion Ihres Manipulators ist jedoch sehr ernüchternd: Sie fühlen sich daraufhin natürlich unzufrieden und unbefriedigt und versuchen es infolgedessen mit einem größeren Gefallen – immer und immer wieder!

Sie können sich auf folgende Weise gegen diese Manipulationstechnik wehren:

Fühlen Sie sich auf keinen Fall verantwortlich, jemandem aufgrund eines geleisteten Gefallens ebenso einen Gefallen zu erweisen. Setzen Sie auf Ihren Stolz und nehmen Sie ruhig mal bedingungslos Gefallen Ihrer Mitmenschen an. Sie sind nicht verpflichtet, diese wiedergutzumachen – insbesondere nicht bei kleinen Gefälligkeiten.

Selbstverständlich dürfen Sie der anderen Person auch einen Gefallen erweisen, doch wenn sich diese nicht angemessen darüber freuen kann, ist das nicht Ihr Problem!

Informationen managen – eine besondere Manipulationstechnik

Wissen ist Macht – das steht eindeutig fest!

Und dieses Faktum zieht sich durch die unterschiedlichsten Lebensbereiche eines Menschen: angefangen von der Familie über den Freundeskreis bis hin zum Beruf. Insbesondere im beruflichen Umfeld kommt diese Manipulationstechnik sehr häufig zum Tragen.

Es müssen zwei wichtige Aspekte unterschieden werden:

Wissen und Informationen müssen gesammelt werden, um damit schneller als die anderen handlungsfähig zu sein.

Gewonnene Informationen müssen zum Eigenvorteil eingesetzt, verschwiegen, nur partiell preisgegeben oder unverblümt angepasst werden. Es geht also schlicht und einfach um das Lügen!

Hierbei kann Wissen auf faire Weise und für gute Zwecke eingesetzt werden. Ebenso ist es jedoch möglich, es bewusst gegen andere Menschen zu verwenden oder es nur zum eigenen Vorteil zu nutzen. Sowohl das Zurückhalten von Informationen als auch die Weitergabe von Halbwahrheiten sind sehr unfaire Manipulationstechniken, die im Berufsalltag aber leider immer wieder zum Einsatz kommen.

Sie sollten niemals Lügen in die Welt setzen, denn über kurz oder lang wir das auf Sie zurückfallen und Sie geraten in Erklärungsnot! Wer ein einziges Mal vom Chef oder den Kollegen als Lügner abgestempelt wurde, hat es richtig schwer, ihr Vertrauen wieder zurückzugewinnen. Vergessen Sie daher nie, dass der Wissensaustausch immer sehr gewinnbringend, fair und fruchtbar ist – das gilt für das berufliche ebenso wie für das private Leben.

Priming

Dieser Begriff stammt aus der Psychologie und beschreibt, wie ein erster Reiz, ein sogenannter Eingangsreiz, Einfluss auf die Verarbeitung eines nachfolgenden Reizes, eines sogenannten Zielreizes, hat. Der erste Reiz bereitet das Gehirn des Menschen sozusagen auf den zweiten Reiz vor, damit es diesen leichter verarbeiten kann.

Das ist eine recht subtile Manipulationstechnik, denn der manipulierte Mensch ist sich normalerweise gar nicht darüber bewusst, dass und wie er beeinflusst wird. Der erste Reiz kann dabei alles Mögliche sein, zum Beispiel eine Geste, ein Bild oder auch ein Wort.

Das Priming wird vor allen Dingen in der Werbung eingesetzt.

Die Angstfalle als Manipulationstechnik

Angst ist grundsätzlich eine ganz normale und sogar eine sehr wertvolle menschliche Emotion, denn sie bietet uns eine Schutz-

und Warnfunktion. Doch Angst kann ebenfalls auf eine andere Art und Weise gebraucht werden, nämlich zum Beispiel, um Menschen zu beeinflussen. Hierbei muss ein Manipulator nur die negativen Konsequenzen beispielsweise eines bestimmten Verhaltens in einem ausreichenden Maße darstellen und schon kann er die zu manipulierende Person unter Druck setzen. Die Technik der Angstfalle ist in Kombination mit Zeitdruck noch wirksamer.

Bedauerlicherweise lassen wir Menschen uns von solchen Emotionen viel zu stark beeinflussen.

Ein Beispiel hierfür wäre:

„Wenn du das nicht bis 18 Uhr erledigt hast, kann es schon zu spät sein. Vergiss das nicht!“

Schuldgefühle

Schuldgefühle in einem anderen Menschen zu wecken, ist ebenso eine sehr erfolgreiche Technik, um von diesem genau das zu bekommen, was man möchte. Personen, die sich sehr leicht Schuldgefühle einreden lassen oder Ihnen gegenüber ohnehin schon leichte Schuldgefühle haben, sind ein sehr leichtes Opfer. Das können zum Beispiel die eigenen

Eltern, die besten Freunde oder der Partner sein. Wenn Sie einer solchen Person das Gefühl geben, dass sie Sie schlecht behandelt, dann werden Sie von ihr vermutlich das bekommen, was Sie wollen.

Beispiel:

Max erzählt seiner Partnerin Lisa, scheinbar nur ganz nebenbei, was er bisher alles für sie getan hat und wie er nur darauf gewartet hat, von ihr dasselbe zu bekommen.

Die Opferrolle in der Manipulation

Diese Manipulationstechnik ist eigentlich sehr eng mit der vorherigen verbunden, doch diesmal sind Sie das Opfer. Wer seine Rolle gut spielt und dabei nicht zu sehr übertreibt, wird bei seinem Gegenüber vermutlich sehr viel erreichen.

Hier lässt man eine andere Person spüren, was für ein liebenswerter, netter und hilfsbereiter Mensch sie doch eigentlich ist und welches Glück sie doch hat, während man selbst nur in einem kaltherzigen und feindlich gesinnten Umfeld lebt.

Beispiel:

„Ich kann mir gar nicht erklären, was ich immer wieder falsch mache."

Wenn das ehrlich genug klingt, wird Ihr Gegenüber darauf hereinfallen und mit großer Wahrscheinlich das tun, was Sie möchten.

Manipulation der Wahrheit

Das Verdrehen der Wahrheit kann einen Menschen ebenfalls manipulieren und in die Irre führen. Beispiele hierfür sind:

- ✓ Lügen
- ✓ doppelzüngiges Reden
- ✓ verzerrte Darstellungen der Wirklichkeit
- ✓ Über- oder Untertreibungen
- ✓ die einseitige Betrachtung eines Problems
- ✓ die strategische Bekanntgabe beziehungs-weise die Zurückhaltung wichtiger Informationen

Der erste entscheidende Schritt ist das **Erkennen:**

Wie lässt sich erfolgreich feststellen, ob eine Person lügt beziehungsweise heimlich die Wahrheit verdreht?

Es ist essenziell, auf das Verhalten dieser Person zu achten. So lügt oftmals eine Person, die ein sehr ungewöhnliches Verhalten an den

Tag legt, sich unruhig aufführt oder besonders cool zu benehmen versucht. Entweder lügt diese Person, hat es erst vor kurzem getan oder hat es in unmittelbarer Zukunft vor.

Der zweite Schritt ist das **Abwehren**: Menschen, die ständig die Wahrheit verdrehen und lügen, sollten Sie, so gut es nur geht, meiden.

Gewissenlose Manipulatoren lügen quasi permanent und in Bezug auf alles, was in ihrem alltäglichen Leben passiert. Sie lieben es, auf diese Weise ihre Gesprächspartner zu verwirren und sie auf eine falsche Fährte zu führen. Diese Manipulationstechnik wird sehr oft verwendet, denn die Manipulierer haben überhaupt keine Skrupel und glauben zudem, dass die anderen ihre Lügen nicht herausfinden könnten.

Wer diese Manipulationstechnik anwendet, ist schon sehr erfahren und weiß, wie Lügen glaubhaft präsentiert werden müssen. Zumindest im Augenblick des Erzählens einer Lüge ist es für außenstehende Menschen gar nicht so einfach festzustellen, dass es sich gerade um eine Lüge handelt. Wenn man den Manipulatoren dann schließlich auf die Schliche kommt, ist es meistens schon zu spät.

Eng mit der Lüge verbunden ist es, nicht die ganze Wahrheit zu sagen: Dabei handelt es sich um eine subtilere Form der Unwahrheit.

In einem solchen Fall erzählt der Manipulator nur einen selektiven Teil einer Geschichte und enthält Ihnen dabei einen wichtigen Teil des Geschehens vor. Auf diese Weise weiß der Manipulierende, dass der andere immer im Nachteil ist. Diese Technik kommt sehr häufig in der Werbung zum Einsatz.

Sie können eine solche Technik erkennen, indem Sie versuchen, mehr auf das zu achten, was nicht gesagt wird. Informieren Sie sich ein wenig über die Interessen Ihres Gesprächspartners oder des Unternehmens, das die Werbung ausstrahlt. Sie werden auf interessante Dinge stoßen!

Wehren Sie einen solchen Manipulationsversuch gekonnt ab, indem Sie mehr recherchieren und sich tiefgründiger informieren.

Ebenfalls zur Technik „Manipulation der Wahrheit“ gehört es, die Wahrheit und die Fakten zu verdrehen. Diese Technik wird häufig von Politikern oder Personen des öffentlichen Lebens angewendet. Sie versuchen, die Realität so zurechtzubiegen, dass sie perfekt zu ihren Plänen passt. Auf diese Weise wird eine zweite Wirklichkeit geschaffen, die den eigenen Zwecken dienlich ist. In manchen Fällen dient diese Manipulationstechnik außerdem dem Verschleiern eines verwerflichen Verhaltens. Im Fachjargon wird diese Technik als „Spinning“ bezeichnet. Die Wahrnehmung der Öffentlichkeit beziehungsweise einer Person in Bezug auf ein Ereignis oder eine Sache soll so verändert werden, dass es keine negativen Konsequenzen für den Manipulierer gibt.

Ablenkungstaktiken und Ablenkungsmanöver

Wenn ein Manipulator diese Art von Techniken anwendet, wird oftmals eine klare Antwort auf eine direkte Fragestellung vermieden. Vor allem, wenn dieser Person Schuldzuweisungen oder Vorwürfe gemacht werden, wird die Diskussion in eine ganz andere Richtung gelenkt, was dazu dient, sich aus der Verantwortung zu ziehen.

Diese Manipulationstechnik zielt vor allem darauf ab, Ihnen den Wind aus den Segeln zu nehmen, das bedeutet, dass der Manipulator weit ausholen und auf verschiedenste Themen – sogar solche aus Ihrer Vergangenheit – ausweichen wird.

Beispiel:

Sie sind mit Ihrem Freund vor dem Kino verabredet und dieser erscheint einfach nicht. Die

Vorstellung beginnt, doch Sie warten dennoch draußen weiterhin auf ihn. Eine Stunde nach Filmstart entscheiden Sie sich schließlich, nach Hause zu gehen.

Am nächsten Morgen sprechen Sie ihn darauf an und sagen ihm, wie unangenehm es für Sie war, auf ihn zu warten. Anstatt sich zu entschuldigen, spricht Ihr Freund einen Fehler an, den Sie vor drei Jahren begangen haben. Wenn Sie nun darauf eingehen, hat er es geschafft, das Gespräch – zu seinem Vorteil – in eine andere Richtung zu lenken.

Eine solche Manipulationstechnik erkennen Sie, wenn Fragen von Ihrem Gesprächspartner aufkommen wie zum Beispiel: „Ah, und was war damals, als du ...?"

Lassen Sie sich von dem Manipulierer nicht vom Thema abbringen, sondern kommen Sie einfach wieder auf den Punkt zurück, der Ihnen wichtig ist und über den Sie anfänglich gesprochen haben. Sagen Sie einfach ganz klar: „Um dieses Thema geht es jetzt hier aber nicht. Bleib bitte beim eigentlichen Problem!"

Wenn Ihr Gesprächspartner dazu nicht bereit ist, sollten Sie dieses Gespräch beenden.

Das hat auf einer solchen Grundlage keinen Sinn und die investierte Energie können Sie mit Sicherheit anderweitig nutzen.

Verunsichern

Hierbei handelt es sich ebenfalls um eine Manipulationstechnik, die den Vorteil mit sich bringt, dass der Manipulator die volle Kontrolle über Sie und die Situation hat.

Es kann zum Beispiel dazu kommen, dass Ihre Aussagen ins Lächerliche gezogen oder Ihnen Vorwürfe gemacht werden.

Beispiel:

Lisa sagt zu Max: „Ich finde es gar nicht gut, wie du mit mir sprichst."

Max: „Denkst du denn, dass du perfekt bist? Hast du dich überhaupt mal gefragt, wie ich mich fühle, wenn du immer wieder solche Dinge zu mir sagst?"

Auf diese Weise nimmt der Manipulierer Ihren Gedanken und Emotionen die Kraft und sorgt dafür, dass Sie sich schuldig fühlen.

Dann ist es unerlässlich, dass Sie klare Grenzen setzen und sich nicht unnötig oder fälschlicherweise beschuldigen lassen.

Taktiken der Verwirrung

Techniken der Verwirrung haben das Ziel, Sie aus der Balance zu bringen, und genau darin sind manipulierende Menschen wahre Experten. Der Manipulator möchte Sie verwirren, damit Sie nicht dahinterkommen, auf welche Strategien er eigentlich setzt.

Diese Manipulationstechnik begegnet einem häufig im Berufsalltag: Es wird beispielsweise ein bestimmtes Ziel definiert, doch sobald es erreicht wurde, wird es in ein anderes Ziel umgewandelt. So schaffen Sie es im Grunde nie, die Ansprüche zu erfüllen und jemals ans Ziel zu kommen.

Schlechtes Gewissen erzeugen

Dieser Trick ist eigentlich ganz einfach: Die Person, die Sie manipulieren möchte, erweist Ihnen einen Gefallen, um den Sie aber überhaupt nicht gebeten haben. Als feinfühliger Mensch fühlen Sie sich jetzt vermutlich dazu verpflichtet, diesen Gefallen zu erwidern.

Daraufhin nimmt sich die manipulierende Person aber das Recht, Ihnen einen noch größeren Gefallen zu erweisen. Wenn Sie nun nicht mehr bereit sind, diesen zu erwidern, bleiben Sie mit einem schlechten Gewissen zurück.

Versuchen Sie immer, auf Ihr Bauchgefühl zu hören. Wir alle freuen uns über kleine Geschenke oder Gefälligkeiten, doch wenn Sie beschenkt werden und mit einem unguten Gefühl zurückbleiben, stimmt meistens etwas nicht: Hören Sie daher unbedingt auf Ihre Intuition.

Wenn Sie zudem das Gefühl haben, dass Ihnen eine Gefälligkeit nicht ohne Hintergedanken erwiesen wird, dann sollten Sie sie auch höflich ablehnen. Fühlen Sie sich aber auf keinen Fall verpflichtet: Jeder Mensch ist frei, Ihnen ein Geschenk zu machen oder eine Gefälligkeit zu erweisen. Das erfolgt auf freiwilliger Basis, Sie haben ja schließlich nicht gezielt darum gebeten.

Verstärkungen

Eine Verstärkung soll die Wahrscheinlichkeit erhöhen, dass eine Person eine bestimmte Sache tut. Hier muss unterschieden werden zwischen positiven und negativen Verstärkungen. Positiv und negativ bezeichnen hier jedoch nicht die Bewertung: Bei einer positiven Verstärkung wird vielmehr etwas Angenehmes hinzugefügt, damit eine Person etwas tut. Bei einer negativen Verstärkung hingegen wird ein unangenehmer Faktor entfernt, damit diese Person etwas Bestimmtes tut.

Die **positive Verstärkung** zielt darauf ab, dass sich ein Manipulationsopfer sicher fühlt und nicht mehr so wachsam ist im Hinblick auf die Strategien des Manipulierers. Hierzu gehören Taktiken wie zum Beispiel:

- ✓ teure Geschenke machen
- ✓ loben
- ✓ übermäßigen Charme und Schmeicheleien äußern
- ✓ sich übermäßig entschuldigen
- ✓ einer Person viel Unterstützung und Aufmerksamkeit schenken
- ✓ Geld geben

Schauen wir uns einmal das Loben genauer an: Lob drückt immer eine Anerkennung für ein gutes Verhalten oder eine sehr gute Leistung aus. Gelobt werden kann auf verbaler wie auch auf nonverbaler Ebene. Die allermeisten Menschen freuen sich sehr darüber, wenn sie gelobt werden, und wiederholen dann das jeweilige gute Verhalten beziehungsweise die tolle Leistung.

Achten Sie jedoch immer darauf, warum Sie gelobt werden: Ist es tatsächlich ein lobenswertes Verhalten gewesen oder lobt Sie Ihr Gegenüber, um etwas von Ihnen zu erhalten?

Auch ein übertrieben eingesetzter Charme sollte Sie grundsätzlich immer hellhörig stimmen. Natürlich sind einige Menschen von Natur aus charmanter als andere und das ist überhaupt kein Problem. Wenn der Charme jedoch zu Manipulationszwecken eingesetzt wird, wird es sehr problematisch.

Ein solches Verhalten kann sich über ein Kompliment oder ein kleines Geschenk äußern, bevor der Manipulator mit seiner eigentlichen Bitte herausrückt.

Personen, die sehr gut im Manipulieren anderer sind, wissen ganz genau, was diesen Menschen schmeichelt. Sie machen gezielte Empathie-Bekundungen und wollen auf diese Weise dem Gegenüber leichter einen Gefallen entlocken.

Versuchen Sie, darauf zu achten, wenn Ihnen eine Person übermäßig schmeicheln möchte, denn meistens steht nur die Absicht dahinter, Ihr Vertrauen zu gewinnen. Diese Menschen möchten erreichen, dass sich ihr Opfer in ihrer Nähe rundum wohlfühlt. Sie kennen sich selbst aber am besten und müssen nicht auf solche Tricks hereinfallen!

Der positiven Verstärkung steht die **negative Verstärkung** gegenüber: Dabei wird man von einer Situation oder einem Aspekt befreit, den man als negativ empfindet.

Beispiel:

„Tom, wenn du dein Zimmer aufräumst, musst du heute keine Hausaufgaben mehr machen."

Sprachliche Manipulation & Rhetorik

Der Einsatz von **rhetorischen Kommunikationsmitteln** ist bei der Manipulation entscheidend, sogar noch mehr als das: Es ist das **Zentrum der Manipulation!**

Ist es Ihnen auch schon einmal passiert, dass Sie mit jemandem ein Gespräch geführt haben und dieses plötzlich in eine ganz andere Richtung gelaufen ist? Mussten Sie einmal hilflos miterleben, wie Ihre Argumentation praktisch in der Luft zerrissen wurde? Dann wurden Sie mit rhetorischen Kommunikationsmitteln entmachtet.

An dieser Stelle möchte ich Ihnen einige rhetorische Mittel vorstellen, damit Sie Meister der manipulativen Gesprächsführung schneller entlarven können.

Die **Rhetorik** an sich ist unverzichtbar, denn Worte sind Macht! Die Manipulation durch Sprache wird immer wieder eingesetzt, um andere Menschen zu beeinflussen oder für eigene Überzeugungen zu instrumentalisieren.

In diesem Zusammenhang spielt die Suggestion eine zentrale Rolle. Die suggestive Sprache beeinflusst die inneren Vorstellungen des Zuhörers, denn ausgesprochene Worte oder Metaphern erzeugen im Kopf des Zuhörers bestimmte Bilder, die entweder seine Ablehnung oder seine Zustimmung erhalten. Die Wirkung der gesprochenen Sprache wird zusätzlich durch Mimik und Gestik, durch den Stimmrhythmus und den Stimmklang noch verstärkt: Die Körpersprache spielt also ebenfalls eine zentrale Rolle! Es ist meistens die Kombination aus Körpersprache und Rhetorik, die beim Manipulieren den entscheidenden Unterschied macht.

Jeden Tag werden wir über **suggestive Sprachmuster** manipuliert: In Verkaufsgesprächen, in den Reden von Politikern und vor allem in der Werbung!

Die Formulierungen werden so gekonnt verpackt, dass wir als Zuhörer nur noch zustimmen können.

Das geschieht insbesondere über drei Suggestionsmittel:

Die indirekte Suggestion:

Bei dieser Technik wird eine Aufforderung als Frage und nicht als Befehl formuliert. Dadurch soll der Zuhörer ausgetrickst werden.

Genau auf diese Weise versucht uns die Werbung tagtäglich zu überzeugen und uns einzureden, dass wir plötzlich bestimmte Dinge brauchen, von deren Existenz wir zuvor vielleicht noch überhaupt nichts gewusst haben.

Versteckte Befehle:

Sobald uns ein direkter Befehl erteilt wird, verschließen wir uns in der Regel und schalten auf stur. Schließlich möchte sich niemand etwas sagen lassen und bevormundet werden, man ist ja immerhin erwachsen.

Aus diesem Grund muss dem Unterbewusstsein natürlich etwas vorgespielt werden und so sollte im besten Fall eine Aussage nicht mehr wie ein Befehl klingen, sondern eher wie eine nett formulierte, harmlos klingende Frage. Der versteckte Befehl wird also sehr positiv formuliert:

„Wenn Sie hochkommen, könnten Sie bitte gleich einen Kaffee mitbringen?"

Unterstellungen, Schmeicheleien und Lob

Diese Formen der Manipulation sind ebenfalls sehr wirksam, wenn es darum geht, einen Menschen dazu zu bringen, das zu tun, was man möchte. So wird eine Person beispielsweise gelobt, damit sie etwas Bestimmtes tut, weil man selbst keine Lust hat, sich mit einem bestimmten Thema auseinanderzusetzen oder einem einfach die Zeit fehlt:

„Herr Huber, Sie sind ein echtes Zahlengenie! Genau aus diesem Grund habe ich Sie für die Erledigung dieser Aufgabe ausgewählt."

Wer hat solche Worte nicht schon mal vom Arbeitgeber gehört? Dadurch soll der Mitarbeiter dazu motiviert werden, die eigentlich unliebsame Aufgabe zu übernehmen.

Auch Bankberater manipulieren gern in dieser Form:

„Sie möchten Ihr mühsam angespartes Geld doch bestimmt rentabel anlegen, nicht wahr? Da ist es in unserem Haus natürlich am besten aufgehoben."

Die **Manipulation durch Sprache** hat hingegen sehr viel mit gezielten Lenkungstechniken zu tun. Mit diesen Methoden gelingt es Ihnen, dass Ihr Gegenüber sein Verhalten ändert, von einer anderen Meinung überzeugt werden kann oder einem Kompromiss zustimmt. Der Kommunikationspartner wird gezielt und unbewusst zu einem anderen Handlungsmuster bewegt.

Auch hierzu gehören diverse Techniken:

Kompromisse finden

Wenn Sie möchten, dass Ihr Gegenüber Ihrem Vorschlag zustimmt, dann sollten Sie es wie einen Kompromiss wirken lassen. Formulieren Sie in einem solchen Fall die Handlungsalternativen einfach als extremere Optionen, die abschreckend wirken. Es kommt nur darauf an, dass die Vorschläge so formuliert werden, dass sich der Gesprächspartner letztlich nur für Ihren bevorzugten Vorschlag entscheiden kann.

Erfahrungsgemäß wird die andere Person die Alternativen ablehnen und sich eher für die moderate Option entscheiden:

„Sie können selbst entscheiden: Entweder nehmen Sie 3.000 Euro brutto, dafür aber inklusive Firmenwagen, oder Sie bleiben bei Ihrer Forderung von 4.000 Euro und gehen am Schluss möglicherweise leer aus."

Dieser Vorschlag klingt nach einem Kompromiss, doch indirekt geben Sie Ihrem Gegenüber die Entscheidung bereits vor.

Konsequenzen benennen

Wenn Sie jemanden für Ihre Argumente gewinnen möchten, kann es hilfreich sein, die positiven wie auch die negativen Konsequenzen aufzuzeigen. Achten Sie in diesem Zusammenhang jedoch unbedingt darauf, dass die negativen Aspekte nicht zu stilisiert wirken. Insbesondere dann, wenn es darum geht, eine Person für ein bestimmtes Vorhaben zu gewinnen, sollten Sie die positiven Folgen betonen. Menschen haben ein internes Prinzip von Belohnung und Bestrafung und entscheiden sich im Allgemeinen eher für ein positives Verhaltensmuster, für das ihnen eine Belohnung in Aussicht gestellt wird.

Handlungsalternativen aufzeigen

Wenn eine Person den Eindruck bekommt, dass sie in ihrem Handeln nicht frei ist, dann fühlt sie sich eingeengt und verschließt sich womöglich. Aus diesem Grund ist es essenziell, ausreichend Handlungsalternativen und Wahlmöglichkeiten zu bieten. Sie erleichtern Ihrem Gesprächspartner die Entscheidung, wenn Sie Alternativen anbieten:

„Möchtest du heute Abend essen gehen oder sollen wir lieber ins Kino?“

Hier wird also gar nicht erst danach gefragt, ob man am Abend gemeinsam etwas unternehmen möchte, sondern es wird direkt vorausgesetzt. Dadurch, dass aber verschiedene Möglichkeiten vorgeschlagen werden, wird eine positive Rückmeldung und Entscheidung hervorgerufen: Der anderen Person fällt es somit schwerer abzusagen. Sie sehen also, welche Möglichkeiten Ihnen die Sprache bietet, um einen Menschen in die gewünschte Richtung zu lenken.

Kompetenzen benennen

Wenn Sie ein Gespräch in eine bestimmte Richtung lenken möchten, sollten Sie zunächst das Vertrauen Ihres Gesprächspartners gewinnen. Das kann Ihnen gelingen, indem Sie Ihre eigenen Kompetenzen beschreiben, allerdings müssen Sie das sehr clever anstellen, denn eine bloße Aufzählung Ihrer Fähigkeiten und Talente würde schlicht und einfach arrogant wirken und bekanntlich kommt Eigenlob überhaupt nicht gut an!

Erwähnen Sie daher Ihre Kompetenzen eher beiläufig und streuen Sie diese wohldosiert und an den richtigen Stellen ein. Erzählen Sie zum Beispiel von eigenen Erfahrungen oder Erlebnissen:

„Ah ja, das kenne ich selbst auch nur allzu gut! Als ich damals in dieser Situation war, habe ich auch ...“

„Ja, da hast du völlig Recht! Als ich damals in dieser Position als Abteilungsleiter war, habe ich ähnliche Erfahrungen gemacht und erlebt, dass ...“

Diese Technik kann vor allem im Bewerbungsgespräch hilfreich sein, denn dabei geht es schließlich darum, die Entscheidungsträger davon zu überzeugen, dass man der Richtige für den Job ist. Lassen Sie an den passenden Stellen Ihre Kompetenzen miteinfließen und begründen Sie diese immer mit eigenen Erfahrungen.

Wenn Sie das Vertrauen Ihres Gesprächspartners gewonnen haben, können Sie in der Regel davon ausgehen, dass sich dieser eher Ihren Vorschlägen anschließen wird, als diese abzulehnen.

„Weil…“

Es gibt zahlreiche Techniken, die ein sehr großes Potenzial haben, Sie Ihrem Ziel ein entscheidendes Stück näherzubringen, doch bereits ein kleines Wörtchen kann wahre Wunder bewirken, nämlich das Wort „weil“.

Damit kann es Ihnen gelingen, Ihren Willen bei anderen Personen durchzusetzen – und zwar ohne sich im Vorfeld ausgeklügelte Taktiken überlegen zu müssen.

Eine wissenschaftliche Studie der Universität Harvard hat sich mit diesem Phänomen beschäftigt und konnte zeigen, dass dieses kleine Wörtchen durchaus ausreichen kann, um eine Person zu etwas zu überreden.

So könnten Sie an der Kasse im Supermarkt sagen:

„Entschuldigung, könnten Sie mich bitte vorlassen? Ich habe nur diese zwei Dinge.“

Die Studie zeigte, dass hier 60 Prozent der Menschen einwilligten und die Person vorließen.

„Entschuldigung, ich habe nur diese zwei Dinge zu bezahlen. Können Sie mich bitte vorlassen, weil ich es wirklich eilig habe?“

93 Prozent willigten ein und ließen die Person in der Schlange vor!

Diese Forschungsstudie erlangte weltweit Bekannt-heit, denn ihre Erkenntnisse sind tatsächlich bahnbrechend! Es sagt sehr viel über das menschliche Verhalten aus und ist zudem ein gefundenes Fressen für jeden, der einen anderen manipulieren möchte. Allein die Satzumstellung und die Verwendung des Wörtchens „weil“ sorgten dafür, dass der Anteil der einwilligenden Personen von 60 auf 93 Prozent anstieg!

Menschen müssen für ihr Handeln also gar nicht unbedingt ein Motiv haben, sie müssen nur das Gefühl haben, dass sie eines haben.

Körpersprache und Manipulation

Abgesehen von den rhetorischen Kommunikations-mitteln ist die Körpersprache von großer Bedeutung für die Manipulation. Die Körpersprache ist die nonverbale Kommunikation, also das, was wir durch Mimik und Gestik zum Ausdruck bringen.

Wussten Sie eigentlich, dass über 10.000 mimische Gesichtsausdrücke, die wir als Menschen haben, uns von Geburt an mitgegeben sind? Die Körpersprache gilt gleichzeitig als älteste Form der zwischenmensch¬lichen Verständigung. Ohne zu sprechen sagen wir doch unglaublich viel.

Selbst wenn Sie es unter Umständen gar nicht wollen, geben Sie durch Ihre Körpersprache doch sehr viele Emotionen preis und zeigen auf ehrliche Weise, was in Ihnen vorgeht.

Die Körpersprache eines Menschen ist meist sehr ehrlich, da sie nicht von der Vernunft, sondern vom Unterbewusstsein gesteuert wird: Genau das ist der Hauptunterschied zur verbalen Sprache, die wir durch unseren Willen und unsere Intentionen steuern können.

Der erste Eindruck, den eine Person macht, ist entscheidend: Innerhalb weniger Sekunden wird ein Urteil über die Person gefällt. Wissenschaftler haben herausgefunden, dass der Gesamteindruck, den wir von einer Person gewinnen, die wir gerade neu kennenlernen, nur zu 5 Prozent von der gesprochenen Sprache abhängt. Hingegen fallen die Mimik, die Gestik, die Stimmlage, das Aussehen und die Sprech¬geschwindigkeit mit satten 95 Prozent ins Gewicht! Ein zentrales Stichwort ist in diesem Zusammenhang wiederum der Halo-Effekt.

Wenn wir eine Person mögen, beginnen wir unbewusst, die Körpersprache dieses Menschen zu imitieren und lassen uns von dieser dann steuern.

Es ist somit sehr wichtig, auf die Körpersprache zu achten, denn bereits unser Gesichtsausdruck verrät anderen Menschen, was wir fühlen und denken.

Menschen mit einer offenen Körperhaltung wirken im Allgemeinen sympathischer. Gleichzeitig strahlt eine offene Körperhaltung Sicherheit und Selbstbewusst¬sein aus.

Eine verschlossene Körperhaltung kann in bestimmten Fällen sehr sinnvoll sein, vor allem wenn Sie eine gewisse Unnahbarkeit demonstrieren möchten.

©Shutterstock_ID-659087860 – igorstevanovic

Je entspannter Sie sind, desto natürlicher und selbstsicherer wirkt auch Ihre Körperhaltung. Achten Sie ebenso besonders auf ihre Schultern und Ihre Gesichtsmuskulatur.

Zudem sollten Sie Körperbewegungen immer mit Ruhe ausführen, denn dann strahlen Sie Souveränität und Sicherheit aus. Je gelassener und ruhiger Sie sich also bewegen, desto sicherer wirken Sie auf andere und desto beeindruckender können Sie außerdem den Halo-Effekt für sich nutzen: Umso besser können Sie dann nämlich auch manipulieren.

Besonders Politiker setzen gezielt die Körpersprache ein, um zu manipulieren: Sie wollen die Öffentlichkeit in Ihren Bann ziehen, für Ihre Botschaft begeistern und überzeugen!

©pixabay-geralt

Auch wir manipulieren täglich durch unsere Körper-sprache – bewusst oder unbewusst: mit einem Lächeln, einem missmutigen Gesicht oder diversen Gesten. All das ruft bei anderen Menschen einen bestimmten Eindruck und eine Reaktion hervor.

Lächeln ist zum Beispiel eine besonders beliebte Taktik im Verkauf und in der Werbung: Damit sollen vor allem positive Gefühle vermittelt werden beziehungsweise ein Gefühl der Sorglosigkeit. Von einem echten, aufrichtigen Lächeln ist dieses jedoch weit entfernt.

Körpersprache ist ebenfalls im beruflichen Alltag und besonders im Vorstellungsgespräch von sehr großer Bedeutung. Um erfolgreich zu sein, braucht es eine ordentliche Portion Energie. Aus diesem Grund sollte beispielsweise ein fester Händedruck geübt werden.

Die Kleidung sollte, zumindest in vielen Branchen, elegant, der Gang aufrecht und selbstbewusst sein. Die Stimmlage sollte freundlich sein und zudem sollte in einem angemessen schnellen Tempo gesprochen werden.

Achten Sie besonders bei Fragestellungen auf Ihren Gesichtsausdruck: Lassen Sie sich weder Hetze noch Termindruck anmerken, aber auch nicht, dass Sie gerade überlegen, was Sie antworten sollen:

©Shutterstock_ID-244913731-pathdoc

©Shutterstock_ID-1098697568-Denis OREA

Besonders aufschlussreich sind außerdem die Hände – im Vorstellungsgespräch, aber auch im Rahmen von Meetings. Durch Ihre Hände können Sie Selbstsicher¬heit vermitteln, aber genauso Unsicherheit beziehungsweise Unentschlossenheit.

Je sicherer Sie auftreten, desto besser können Sie manipulieren und andere von Ihren Ideen überzeugen.

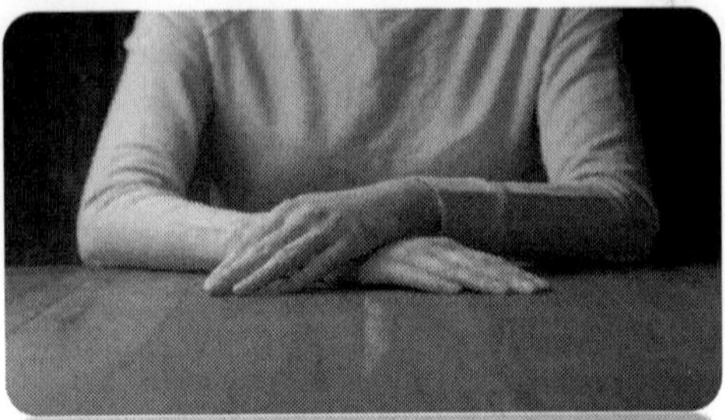

©Shutterstock_ID-270946997-4Max

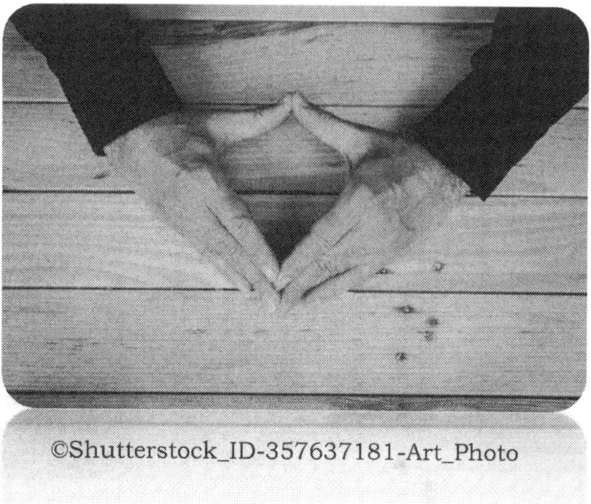

©Shutterstock_ID-357637181-Art_Photo

Vorstellungsgespräche, Verkaufsgespräche und Verhandlungen lassen sich durch eine bewusste, ziel¬gerichtete Körpersprache in eine bestimmte Richtung lenken.

©Shutterstock_ID-333996869-Anastasia Mdivanian

Manipulation anwenden – clever und mit Gefühl

Manipulation kann vieles sein: Etwas Positives, der Schlüssel zum Herzen eines Menschen, das Anregen von Motivation, der Schlüssel zur Macht sowie zum Erfolg, oder aber etwas Negatives, nämlich das Tor zu Schmerz und Verletzung.

Wir alle sind aufgrund unserer genetischen Prädisposition beeinflussbar, positiv wie negativ, ob wir wollen oder nicht. Hier kann selbst der Verstand nicht immer mithalten, doch wenn es um Manipulation geht, spielen sowohl das Herz wie auch der Verstand eine zentrale Rolle.

Zum einen sind Selbstvertrauen und Selbstbewusst-sein von sehr großer Bedeutung beim Manipulieren. Denken Sie positiv und fokussieren Sie sich auf Ihr Ziel. Wenn Sie sich selbst vertrauen, können Sie andere in die von Ihnen gewünschte Richtung lenken und erfolgreich manipulieren.

Zum anderen braucht es für erfolgreiche Manipulationen das „Gesamtpaket" aus Rhetorik und Körpersprache. Ebenso gehört Mut zum wirkungsvollen Manipulieren dazu. Denken Sie zum Beispiel an eine Gehaltsverhandlung:

Sie möchten mit Ihrem Vorgesetzten sprechen, weil Sie sich eine Gehaltserhöhung wünschen und finden, dass diese aufgrund Ihrer Qualifikation und Leistung angemessen wäre. Oder Sie stehen unter einem hohen finanziellen Druck und benötigen dringend monatlich mehr Geld. Lassen Sie sich die wahren Beweggründe nicht anmerken und gehen Sie mutig in das Gespräch. Gehen Sie von der ersten Sekunde an manipulativ vor und gewinnen somit die Oberhand:

- ✓ Sie leisten Überstunden.
- ✓ Sie springen jederzeit für erkrankte Kollegen ein.
- ✓ Sie haben ausgezeichnete Qualifikationen und Kompetenzen, die auf dem Arbeitsmarkt aktuell äußerst gefragt sind.

All das sind Gründe, die vom Chef entsprechend honoriert werden sollten.

Lassen Sie sich auf keinen Fall Schwäche oder etwa die Position eines Opferlammes anmerken, denn in einem solchen Fall wird Ihnen der Chef nur voller Mitleid auf die Schulter klopfen, Ihnen aber keine Gehaltser¬höhung anbieten. Stellen Sie sich am besten schon im Vorfeld auf den Vorgesetzten ein, treten Sie souverän und manipulativ auf und nehmen Sie ihm somit den Wind aus den Segeln.

Wenn es um clevere und gefühlvolle Manipulation geht, ist es äußerst wichtig, Gemeinsamkeiten herzu¬stellen und Vertrauen aufzubauen. Bereits das Vertrauen zwischen zwei Menschen kann eine Form der Manipulation sein. Das ist zum Beispiel bei guten Freunden der Fall: „Lass uns heute Abend doch zum Italiener essen gehen, der hat wirklich die beste Pizza, du weißt schon, der in der Stadtmitte." Wer sich vertraut ist und bestimmte Gemeinsamkeiten oder gemeinsame Interessen hat, der merkt gar nicht, dass er eventuell manipuliert wird. Menschen, die die¬selben Hobbys pflegen oder gemeinsame Interessen teilen, kommen schneller miteinander in einen Dialog und tauschen sich aus: In Wahrheit manipulieren sie sich häufig gegenseitig.

Dennoch fällt die Manipulation in solchen Fällen nicht auf, weil sie als sehr angenehm und positiv empfunden wird.

Wer mit Sinn und Verstand vorgeht, der manipuliert auf eine positive Weise und handelt somit nicht unmoralisch oder skrupellos: Dann funktioniert die Partnerschaft, Sie sind erfolgreich im Beruf und kein Mensch bleibt als Opfer auf der Strecke.

Setzten Sie auf Komplimente, seien Sie freundlich und kompetent, aber zugleich bestimmt. Wenn Sie einige freundliche Worte oder Lob für Ihre Mitmenschen übrighaben, sind diese eher gewillt, etwas für Sie zu tun. Sie kommen sich einander näher, beeinflussen sich gegenseitig und beide Seiten sind zufrieden.

Genauso, wie Sie mit Freundlichkeit weiterkommen, können Sie mit Druck Erfolg haben. Das ist zwar weniger nett, aber dennoch hocheffektiv, denn wer ein wenig Druck aufbaut, kann gezielt kontrollieren. Besonders gern wird Zeitdruck eingesetzt, damit eine Aufgabe erledigt oder eine Entscheidung gefällt wird. Das motiviert beispielsweise dazu, beim Endspurt nochmal ordentlich Leistung abzurufen: Das kann auf der Arbeit vorkommen, bei der Erledigung einer Aufgabe, aber ebenso im schulischen Umfeld, wenn nicht mehr viel Zeit übrigbleibt, um eine Prüfung abzugeben. Sogar im Verkauf ist die Strategie des Zeitdrucks unschlagbar, wenn ein begehrtes Produkt oder eine Dienstleistung nur für kurze Zeit zu einem top Preis angeboten wird.

Wenn es Ihnen gelingt, mit Verstand und Herz zu manipulieren, dann können Sie andere spielend einfach beeinflussen. Zudem werden Sie selbst seltener zur Schachfigur anderer Manipulatoren. Versuchen Sie daher, nicht von anderen Menschen abhängig zu sein. Wenn Sie stets auf der Suche nach Lob, Bestätigung oder Anerkennung sind, könnten andere Menschen Sie viel leichter ausnutzen. Vertrauen Sie auf Ihre eigenen Fähigkeiten und Ihren Verstand, denn auf diese Weise fördern Sie gleichzeitig Ihr Selbstbewusstsein.

Wenn Sie an sich selbst glauben, schöpfen Sie daraus neue Energie und Kraft und wirken auf Menschen, die Sie manipulieren wollen, nicht als „leichte Beute".

Stehen Sie zu Ihren Entscheidungen: Wenn Sie für sich eine Entscheidung getroffen haben, dann ist das gut so und zwar in erster Linie für Sie! Sie müssen es nicht allen recht machen und das zu versuchen, ist ohnehin von Anfang an zum Scheitern verurteilt. Fokussieren Sie sich auf das Wesentliche und richten Sie Ihr Leben nicht nach den Vorstellungen anderer Menschen aus. Auf diese Weise werden Sie auch nicht zum Spielball und zum Manipulierten.

Versuchen Sie des Weiteren immer, mentale Stärke zu zeigen. Jeder von uns tappt mal in die Stress- oder Sorgenfalle. Und genau in solchen Situationen sind wir besonders anfällig für die Manipulationen anderer.

Dann kommt es wesentlich darauf an, eine Balance zwischen Körper und Geist herzustellen. Meditation oder autogenes Training, aber auch Bewegung in der freien Natur können den Stress lindern und dabei helfen, Probleme aus dem Kopf zu bekommen. Dann haben Sie wieder freien Durchblick, eine bessere Selbstbeherrschung und fallen manipulativen Techniken nicht so einfach zum Opfer.

Mentale Stärke zu besitzen bedeutet, selbst in schwierigen Alltagssituationen fest auf seine Ziele fokussiert bleiben zu können und eine recht hohe Frustrationstoleranz vorzuweisen. Mental starke Menschen verfügen über einen gesunden Mix aus realistischem Optimismus, Disziplin und Selbstverstrauen. Diese Fähigkeiten sind ein zentraler Faktor für den persönlichen Erfolg und das glückliche Gelingen des alltäglichen Lebens. Zu mentaler Stärke gehört:

- ✓ die rationale Bewertung von intensiven Gefühlen
- ✓ das Kennen und richtige Einschätzen der eigenen Ängste
- ✓ Gelassenheit: Sie müssen es nicht jedem recht machen!
- ✓ ein respektvoller Umgang miteinander: Sie akzeptieren die Vielfalt.
- ✓ dass Sie mit sich allein sein können: Alleinsein schenkt Ruhe und Zufriedenheit und fördert die mentale Stärke.
- ✓ den Blick für die eigenen Talente zu schärfen und zu den eigenen Schwächen, aber auch Stärken zu stehen.
- ✓ dankbar zu sein: Dankbarkeit ist von zentraler Bedeutung für die Selbstbeherrschung und spielt ebenfalls beim Thema Manipulation eine wesentliche

Rolle, denn ansonsten würde sich nach dem erfolgreichen Manipulieren keine Zufriedenheit bei Ihnen einstellen.

- ✓ Verantwortung zu übernehmen: Treffen Sie Ihre eigenen Entscheidungen und lassen Sie sich von anderen Menschen nicht reinreden.
- ✓ aus den eigenen Fehlern zu lernen.
- ✓ sich über die Erfolge anderer zu freuen.
- ✓ Es ist unerlässlich, die eigene mentale Stärke zu trainieren, denn sie ist die Verbündete der Manipulation schlechthin.

Mit Manipulation richtig umgehen

Manipulation begegnet uns jeden Tag – in der Familie, in der Partnerschaft, im Freundeskreis, im Büro und besonders in der Werbung. Doch wie sollte man sich am besten gegen all die Manipulationen schützen?

Es gibt so viele Formen der Manipulation und es ist kaum möglich, alle Techniken zu erfassen. Somit ist es zugleich nicht möglich, sich gegen jede Manipulationstechnik eine Gegenmaßnahme zu überlegen. Es gibt aber einige Techniken, um sich wirksam gegen Manipulationen zu schützen.

Gehen Sie zunächst einmal im folgenden Dreischritt vor:

Manipulationstechnik erkennen

Versuchen Sie, die jeweilige Manipulationstechnik zu identifizieren. Hören Sie dem Gesprächspartner genau zu und achten Sie besonders auf seine Körpersprache. Versuchen Sie, nicht nur auf das Gesagte zu hören, sondern ebenso auf das, was Ihr Gegenüber nicht ausspricht.

Die Strategie des Manipulators durchschauen

Überlegen Sie sich, welche Strategie der Manipulator verfolgen könnte. Nur wenn Sie erkennen, was Ihr Gesprächspartner bezwecken könnte, haben Sie die Möglichkeit gezielt gegenzulenken.

Faire Gegenmaßnahmen gegen die Manipulation ergreifen

Wenn Sie die manipulatorische Absicht durchschaut haben, können Sie darauf reagieren. Das Ziel ist dabei immer, die eigenen Interessen auf eine faire Art und Weise zu wahren.

Sechs Tipps zum Umgang mit Manipulation

Fair und sachlich bleiben

Achten Sie genau auf echte Argumente – egal, ob es sich um Ihre Argumente oder die Ihres Gesprächspartners handelt.

Ruhig und gelassen bleiben

Sobald Sie die Absicht Ihres Gesprächspartners durchschaut haben, sollten Sie ruhig und bedacht überlegen, wie Sie dagegen vorgehen möchten. Handeln Sie nicht impulsiv oder unüberlegt.

Nicht kausal reagieren

Es ist nachvollziehbar, dass wir bestimmte Abwehrreaktionen zeigen, wenn wir merken, dass wir manipuliert wurden. Wenn der Manipulator unfair, besonders skrupellos oder emotional war, werden wir das folglich ebenfalls sein. Doch in vielen Fällen spekuliert der Manipulator genau auf solche Reaktionen. Durchbrechen Sie diesen Mechanismus, um die Kontrolle über das Gespräch zu behalten.

Verfolgen Sie Ihre Ziele

Lassen Sie sich die Initiative nicht nehmen und verfolgen Sie beharrlich Ihre Ziele weiter, wenn nötig, mit einer gewissen Hartnäckigkeit. Lassen Sie sich vom Manipulator also nicht ablenken.

Bauen Sie eine Brücke

Überlegen Sie sich Möglichkeiten, wie Sie das Gespräch wieder lösungsorientiert und sachlich lenken können. Bieten Sie auch Ihrem Gesprächspartner eine solche Möglichkeit an, selbst dann, wenn er sich danebenbenommen hat.

<u>Konzentrieren Sie sich auf konkretes Verhalten</u>

Verallgemeinern Sie nicht das Verhalten Ihres Gesprächspartners, so in etwa: „Das ist nun mal ein sehr schwieriger Typ.“ Achten Sie genau auf bestimmte Verhaltensweisen und sprechen Sie Ihr Gegenüber gezielt darauf an: „Sie haben mir in den letzten zehn Minuten drei Mal das Wort abgeschnitten.“

Auf diese Weise bleibt das Gespräch dennoch positiv und Sie haben die Kontrolle über den Verlauf der Diskussion. So hat es Ihr Gegenüber alles andere als leicht, Sie zu manipulieren.

So manipulieren Sie sich selbst zum Erfolg

Erfolg ist ein zentraler Faktor in unserem Leben: Erfolg macht attraktiv, glücklich und sogar wohlhabend. Wer erfolgreich sein möchte, braucht eine gewisse Intelligenz, bestimmte Kompetenzen, ein seriöses Auftreten, eine ordentliche Portion Know-how – und natürlich die Manipulation! Sich zum Erfolg zu manipulieren, ist vor allem in der beruflichen Welt ein Thema.

Wer in einem Unternehmen nur ein kleiner, unscheinbarer Mitarbeiter ist, kann sich durchaus bis ganz nach oben befördern – nicht unbedingt durch Überstunden, sondern durch die Fähigkeit der Manipulation sowie einen guten Draht zum Vorgesetzten. Überlegen Sie sich im Vorfeld, welches Ziel Sie erreichen wollen und arbeiten Sie strategisch darauf hin.

Es gibt immer einen Bereich, in dem Sie Ihr umfangreiches Fachwissen und Ihre Qualifikationen einbringen können. Es gibt immer eine Abteilung, in der Hilfe und kompetente Unterstützung benötigt werden. Seien Sie kreativ, bringen Sie wertvolle Neuerungen und begeisternde Ideen ein. Positive Veränderungen sind immer gern gesehen, und sogar mehr als das, sie sind dringend erforderlich für den Unternehmenserfolg!

Wie lassen sich die Verkaufszahlen noch überbieten? Wie lässt sich effizient sparen? Bringen Sie sich ein und begeistern Sie!

Hier kommt nun die Manipulation ins Spiel: Wirken Sie unauffällig, ganz dezent und lassen Sie Ihre Tipps, Ihr Know-how und Ihre Ideen praktisch nebenbei einfließen. Damit machen Sie sich interessant. Das ist bereits pure Manipulation, die jedoch keinem auffällt. Der Vorgesetzte ist jedoch aufmerksam geworden und offen für Ihre Veränderungsvorschläge. Ihr Führungspotenzial wird erkannt und schon bald bekommen Sie das entsprechende Angebot für eine solche Position. Vergessen Sie nicht, dass Sie sich dann in der entsprechenden Position immer beweisen müssen – und auch das fällt bereits unter die Manipulation – also der Versuch, sich zu beweisen.

Hier einige Tipps für Ihren Erfolg:

- ✓ Treten Sie seriös auf.
- ✓ Treten Sie mit Ihren Ideen und Perspektiven in den Vordergrund, aber auf dezente Art.
- ✓ Bleiben Sie realistisch.
- ✓ Sparen Sie Kosten ein.

- ✓ Legen Sie sich für Ihre Kollegen richtig ins Zeug.
- ✓ Seien Sie offen, ehrlich, loyal und aufgeschlossen.
- ✓ Arbeiten Sie immer unternehmensorientiert.
- ✓ Hören Sie zu und harmonieren Sie mit Ihren Kollegen: Der Sympathiebonus ist entscheidend für den Erfolg.
- ✓ Zeigen Sie Ihre Qualitäten, Ihr Know-how und Ihre Talente.

Sehr viele dieser Tipps fallen unter die Manipulation, doch je engagierter, seriöser und selbstbewusster Sie auftreten, desto weniger kommen die anderen Kollegen darauf. Wenn Sie sich die oben genannten Tipps genauer anschauen, fällt aber auf, dass es sich um sehr positive Eigenschaften handelt, die im Grunde jeder gute Mitarbeiter aufweisen sollte. Wer jedoch bewusst auf sein Auftreten achtet, kompetent und sympathisch ist und sein Fachwissen wohldosiert zum richtigen Zeitpunkt einbringt – der manipuliert sich langsam, aber sicher zum Erfolg. So werden Sie fachlich und menschlich gesehen zu einem sehr beliebten und unverzichtbaren Mitarbeiter und Kollegen.

BONUS – NLP (Neurolinguistisches Programmieren) & Manipulation

Die Manipulation und das sogenannte „Neurolinguistische Programmieren“ (NLP) gehen Hand in Hand.

NLP unterstützt Sie dabei, bestimmte Verhaltensweisen zu ändern, denn häufig nehmen wir einen falschen Standpunkt ein oder stehen uns selbst nur im Weg. Permanent laufen kommunikative Prozesse ab, auf der sprachlichen Ebene, aber auch auf der sogenannten nonverbalen Ebene durch Gesten und Mimik. Es ist eben nicht möglich, nicht zu kommunizieren, wie der berühmte österreichische Kommunikationswissenschaftler Paul Watzlawick feststellte.

Es geht nicht einzig um den Absender von bestimmten Botschaften oder Kommunikationssignalen, sondern ebenso darum, wie diese beim Empfänger ankommen. Es kommt also nicht nur darauf an, was eine Person sagt, sondern auch darauf, was beim Empfänger ankommt. NLP setzt genau an dieser Stelle an und beleuchtet, wie das Verständnis untereinander und somit die Kommunikation nachhaltig verbessert werden können.

Die Neurolinguistische Programmierung beschäftigt sich also damit herauszufinden, auf welche Art und Weise das Gehirn Sinnesreize wahrnimmt, bewertet und verknüpft, und wie es die Impulse der Außenwelt verarbeitet. Jeder Mensch hat seine ganz eigene subjektive Wahrnehmung und Art der Signal- und Reizverarbeitung – auch bezüglich der Kommunikation mit den Mitmenschen.

NLP bietet Strategien an, um:

- mit der Sprache richtig umzugehen.
- mit sich selbst und mit anderen Menschen zu kommunizieren.
- die eigenen Wahrnehmungsfähigkeiten zu trainieren und immer weiter zu verfeinern.
- flexibel auf Veränderungen zu reagieren.
- Ziele konkret zu definieren und diese durch effiziente Handlungs- und Denkweisen umzusetzen.
- durch veränderte Sicht- und Denkweisen neue Beurteilungsmodelle und Handlungsgrundlagen zu schaffen.

N – steht für „neuro“. Der Mensch nimmt alles über die unterschiedlichen Sinnesorgane auf. Bilder, Formen und Farben lösen über die Augen einen visuellen Reiz aus. Klänge, Lärm und Geräusche stimulieren den Akustikreiz der Ohren.

Geschmacksinformationen werden über die Zunge an das Gehirn weitergeleitet. Die Haut nimmt Berührungsreize war und die Nase liefert Informationen über wahrgenommene Gerüche.

Diese äußeren Informationen verarbeitet das Gehirn in neuronalen Prozessen: Er speichert und verknüpft neue Signale und Informationen mit bereits vorhandenen Daten. Alle Botschaften, die laufend im Alltag eintreffen, werden im Gehirn gefiltert, mit bereits gemachten Erfahrungen und Wahrnehmungen abgeglichen und dann bewertet.

Dieser Vorgang geschieht völlig unbewusst und verläuft innerhalb von Sekunden.

L – steht für „linguistisch“. Bei dieser NLP-Komponente geht es also um die Verarbeitung und die Umsetzung der verschiedenen Botschaften in Sprache, die in geschriebener oder in gesprochener Form als Reiz bei den Augen oder Ohren ankommt. Das Gehirn filtert die

Fülle an Botschaften, die im Gehirn ankommen, und verringert diese. Selbst wenn diverse Personen Gleiches wahrnehmen, so verarbeiten sie es doch unterschiedlich.

P – steht für „Programmierung". Die in Sprache übertragenen Bewertungen und Erfahrungen sowie das Nervensystem des Menschen beeinflussen sich wechselseitig. Das „P" in NLP steht für genau diese Wechselwirkung. „Programme" bedeuten in diesem Zusammenhang individuelle Konzepte, Denkmodelle und Muster, wie eine Person tägliche Sinnesreize verarbeitet und daraus sein individuelles Weltmodell kreiert.

Wenn die verwendeten Programme und Muster unterstützend und hilfreich sind, ist alles im grünen Bereich und es gibt keinen Grund, Änderungen vorzunehmen. Wenn eine Person jedoch Einschränkungen erlebt und eben keine unterstützenden Programme und Muster verwendet, ist eine „Neuprogrammierung" notwendig: Das gelingt mithilfe von NLP-Techniken.

Der Zusammenhang zwischen NLP und Manipulation

Wenn es um NLP geht, kommt schnell das Wort Manipulation auf.

Ganz wertneutral betrachtet sind jede Kommunikation und jede menschliche Handlung Manipulationen. Es gibt schließlich immer einen Beweggrund, um etwas zu tun oder zu sagen beziehungsweise mit jemandem in Kontakt zu treten. Doch bei der Manipulation stellt sich häufig vielmehr die Frage, auf wessen Kosten die Kommunikation geht. Wer seinen Gesprächspartner täuschen oder zu dessen Lasten agieren möchte, manipuliert unethisch und negativ. Wenn der Nutzen, die Vor- und auch die Nachteile des Gesprächspartners nicht beachtet werden, dann ist jede Handlung auf unmoralische und negative Art manipulierend.

Beim NLP geht es hingegen um eine Win-win-Situation, nämlich darum, bewusst Einfluss zu nehmen und hilfreiche Handlungsansätze zu erarbeiten, damit beide Seiten davon profitieren und eine gelungene Kommunikation entsteht.

13 grundlegende Annahmen des NLP

1. Jeder Mensch ist einzigartig und erlebt die Welt auf eine ganz individuelle Art und Weise.

2. Der Körper, der Geist und die Umwelt sind ein System und beeinflussen sich wechselseitig.

3. Jedes menschliche Verhalten ist Kommunikation.

4. Die Bedeutung und der Wert der Kommunikation ergeben sich aus der Reaktion, die sie hervorruft.
   Hierbei geht es wesentlich um die Fragestellung, wer der Verursacher einer guten und gelungenen Kommunikation ist und wer derjenige einer schlechten. Ich-Botschaften sollen dabei grundsätzlich präferiert werden, um eine gelungene und positive Kommunikation zu erzielen.
   Das heißt:
   Richtig: Ich habe mich falsch ausgedrückt.
   Falsch: Du hast das vollkommen falsch verstanden.

5. Jeder Mensch orientiert sich an einer geistigen Landkarte.
   Jeder Mensch hat sein Modell der Wirklichkeit, in dem er Sinneseindrücke speichert. Das ist nicht die reale Welt, doch diese Landkarte hilft dem Menschen sich zurechtzufinden.

6. Es ist besser eine Wahl zu haben, als keine zu haben.
   Ganz egal, ob es um ein Angebot an bestimmten Waren oder um ein Repertoire an verschiedenen Reaktionsmöglichkeiten geht: Es ist immer besser, eine Wahlmöglichkeit zu haben! Durch die NLP-Methoden sollen neue Alternativen und Handlungsmöglichkeiten erschaffen werden. So kann man von Fall zu Fall immer wieder neu entscheiden, welche Wahl man trifft.
   Sie schaffen beispielsweise eine Handlungsalternative, wenn Sie bei Stress statt auf den Verzehr von Schokolade auf Bewegung oder Entspannungsübungen setzen.

7. Menschen treffen die ideale Wahl immer aus dem heraus, was ihnen aktuell zur Verfügung steht.

8. Jeder Mensch geht seinen ganz eigenen Weg im Leben und im Lebensverlauf hat er gelernt, was er kann und was seinen Stärken entspricht. Das, was die größten Vorteile bietet, also den größtmöglichen Nutzen schafft, das kommt zur Anwendung.

9. Jedes menschliche Verhalten hat einen Sinn.
Jede Person funktioniert in ihrer individuellen Welt und Landkarte aus seiner eigenen Sicht betrachtet richtig. Aus Sicht eines Betrachters mag einiges manchmal keinen Sinn ergeben, doch für den Handelnden selbst ist sein Verhalten immer sinnvoll.

10. Jedes menschliche Verhalten ist in einem bestimmten Kontext hilfreich.
Verhaltensweisen werden in bestimmten Lebenssituationen erlernt und angewendet: In diesen sind sie jeweils hilfreich und angemessen.
Oftmals wird ein Verhalten jedoch auf andere Zeiten, Zusammenhänge oder Orte übertragen, in denen es nicht mehr angemessen ist und negative Konsequenzen nach sich zieht.

Das Ziel ist immer, in jedem Kontext das passende und angemessene Verhalten zu finden.
Jeder Mensch verfügt über alle Ressourcen, die er für Veränderungen braucht.
Jede Person hat ein breitgefächertes Spektrum an Ressourcen, Fähigkeiten und Möglichkeiten, die sie nicht vollständig ausschöpft.
Der Kern dieser NLP-Aussage ist, dass Menschen immer wieder lernen müssen zu wachsen und ihr individuelles Potenzial voll auszuschöpfen.

11. Es gibt kein Versagen, es gibt nur Feedback.
Ein Fehler ist kein Versagen, sondern nur eine Rückmeldung über das Abweichen von einem ursprünglich anvisierten Ziel. Das muss also als Chance begriffen werden, denn dann verändert sich die Perspektive: Aus diesem Blickwinkel heraus sind Fehler immer die Basis für effizientere Lösungen. Fehler zeigen den Grad der erforderlichen Nachbesserung auf und weisen den Weg zum Ziel.

12. Alles, was ein Mensch kann, ist erlernbar.
NLP geht davon aus, dass alles, was eine Person jemals gelernt hat und ausgezeichnet beherrscht, jeder andere Mensch ebenfalls lernen kann. Ein gutes Verhalten können wir uns also jederzeit von anderen abschauen.

13. Wenn das, was Sie tun, nicht funktioniert, dann tun Sie etwas anderes!
Diese NLP-Grundannahme hat natürlich nur Gültigkeit, wenn eine Person entsprechende Wahlmöglichkeiten hat. Die meisten Menschen wenden in Problemsituationen weiterhin ihr bisheriges Verhalten an und verstärken dieses sogar noch, so werden sie beispielsweise in einem Gespräch noch lauter, falls es zu Verständnisproblemen kommt.
Ein solches Verhalten bringt jedoch in den meisten Fällen nur sehr wenig oder überhaupt nichts. Hier ist Flexibilität die Lösung und die Chance zur Weiterentwicklung, denn schließlich geht es darum, neue und zusätzliche Spielräume zu schaffen.

NLP dient also der Manipulation: Dadurch verändern Sie sich selbst und Ihre Mitmenschen und somit gelingt die Kommunikation deutlich leichter und besser. Es fällt anderen nicht mehr so leicht, Ihnen Unsicherheiten anzumerken: Sie sind der Meister, der sozusagen die Fäden in der Hand hält, ein Meister der Redekunst und eben der Manipulation.

NLP ist ein sehr gelungenes Gesamtkonzept, das die Basis für eine gelingende Kommunikation legt. Es sorgt dafür, dass Sie sich Herausforderungen besser stellen können und zudem flexibler auf Veränderungen reagieren. Sie bleiben gleichzeitig offen für Neues und wehren Veränderungen nicht gleich im Vorfeld ab. Sie finden zu Ihrem persönlichen Potenzial und das wiederum verhilft Ihnen zu mehr Erfolg und Macht.

NLP-Techniken – Ziele richtig formulieren und erfolgreich manipulieren

Wenn Sie positiv manipulieren möchten, müssen Sie Ihre Ziele positiv formulieren, denn nur dann können Sie motivierend wirken.

Sehr viele Menschen sind wahre Meister darin, Fehler, Hindernisse oder Probleme bis ins

Detail zu schildern. Dabei richtet sich die Aufmerksamkeit aber hauptsächlich auf die Vergangenheit und die dargestellten Problemsituationen. Ohne sich dessen vielleicht bewusst zu sein, richten diese Menschen ihr Augenmerk auf Fehler und formulieren sogenannte Vermeidungsziele: Sie sagen also, was sie nicht wollen. Viel bedeutender ist es jedoch, auf konkrete Lösungen zu setzen! Zunächst einmal geht es also darum, positive Ziele zu formulieren:

1. Formulieren Sie Ziele ohne Verneinungen wie „nein“, „keine“ oder „ohne“. Verwenden Sie hauptsächlich positive Worte.
2. Formulieren Sie Ihr Ziel so prägnant, wie es nur geht.
3. Formulieren Sie sinnesspezifische Ziele: Das heißt, dass Ziele überprüfbar und wahrnehm¬bar sein müssen. Erleben Sie Ihre Ziele sozusagen mit Ihren Sinnen.
4. Legen Sie Kriterien fest, anhand derer Sie die Erreichung Ihrer Ziele definieren können. Wie können Sie Ihr Ziel also messen?
5. Welche Auswirkungen haben Ihre Ziele? Was soll konkret damit erreicht werden?

Mithilfe dieser Grundlage wissen Sie außerdem genau, was Sie mit einer Manipulation erreichen möchten und sind so deutlich erfolgreicher.

Ressourcen nutzen mit der Ankertechnik der Neurolinguistischen Programmierung

Jeder Mensch besitzt Ressourcen, die er für die Erreichung seiner Ziele braucht. Besonders im Alltag ist es von großer Bedeutung, diese immer wieder anzuzapfen, um eine Aufgabe erfolgreich anzugehen oder eine positive Manipulation zu meistern.

Emotionen haben einen sehr großen Einfluss auf eine Person und wirken sich wesentlich auf das Handeln und das Denken dieses Menschen aus. Häufig sind emotionale Umstände von außen sichtbar, so lässt sich Freude beispielsweise auf dem Gesicht, an der Stimmlage oder der Körperhaltung erkennen. Die Grundlage für Emotionen bilden immer Erlebnisse, also bestimmte Außenreize, die über die Sinne wahrgenommen und anschließend im Gehirn weiterverarbeitet werden. Sie werden also mit einem neurologischen Impuls verbunden. Wenn diese Reize irgendwann erneut auftreten, und sei es nur in Gedanken, dann rufen sie denselben neurologischen Prozess hervor.

Dieser Prozess des „Sich-Wieder-Bewusstmachens“ von Sinneseindrücken wird im NLP als Ankern bezeichnet.

Unterstützende, positive und heitere Anker stärken einen Menschen. Die unangenehmen und negativen Emotionen oder Erinnerungen hingegen führen zu unerwünschten Auswirkungen.

So löst allein der Gedanke an eine Prüfungssituation bei vielen Menschen regelrechte Schweißausbrüche aus. Unser Alltag ist voll von solchen Ankern.

Auch die Werbung nutzt Anker, um zu manipulieren: Sie will bewirken, dass wir bestimmte Unternehmenslogos, Slogans oder Melodien miteinander verknüpfen und somit leichter beziehungsweise schneller einkaufen.

Anker dienen sozusagen der Orientierung: Sie steuern unser Leben und bestimmen viele unserer Gewohnheiten. Positive Anker schaffen ein Erfolgspotenzial, negative Anker hingegen führen zu Beeinträchtigungen oder Blockaden.

In den meisten Fällen sind uns diese Anker nicht bewusst! Sie sind nicht unserer Willenskraft unterworfen, sondern treten eher überraschend aus dem Unbewussten auf. Sie manipulieren uns untergründig.

Im Zusammenhang mit den Ankern spielen die menschlichen Sinneswahrnehmungen eine zentrale Rolle, also das Sehen, Schmecken, Tasten, Hören und Riechen.

Mit diesen fünf Sinnen nehmen wir Menschen die Welt wahr. Beim NLP werden diese Sinne jedoch etwas anders bezeichnet und mit der Kurzbezeichnung „VAKOG“ abgekürzt:

Sehsinn:	**V**isuell
Hörsinn:	**A**uditiv
Tastsinn	**K**inästhetisch
Geruchssinn:	**O**lfaktorisch
Geschmackssinn:	**G**ustatorisch

In Form dieser Repräsentationskanäle, also über diese Reize, kommen Anker vor:

- Visuelle Anker sind zum Beispiel Formen, Symbole, Bilder oder Farben.
- Auditive Anker sind zum Beispiel Worte, Geräusche, Klänge, Dialekte, Stimmfarben, Melodien und so weiter.
- Kinästhetische Anker sind beispielsweise Körperhaltungen, Bewegungen, Gestiken oder Gefühle.
- Olfaktorische Anker sind Gerüche oder Düfte.
- Gustatorische Anker können der Geschmack bestimmter Gerichte sein.

Über diese Kanäle findet ebenfalls das Manipulieren statt, das heißt, wir werden durch sie manipuliert und können ebenso andere über diese Sinneskanäle manipulieren. Mit dieser

NLP-Ankertechnik lassen sich emotionale Zustände herstellen, die beispielsweise die Zielerreichung unterstützen. Durch positive Anker gewinnen bestimmte Situationen neue Energie, sie mobilisieren und stärken also. Anker wirken unmittelbar in einem Moment, in dem sie gebraucht werden. Je mehr Sinne vereint sind, wenn ein Anker gesetzt wird, desto größer ist zugleich die (Aus-)Wirkung.

Zusammenfassung – NLP & Manipulation

Diese und andere NLP-Techniken sollen vor allem dabei helfen, bewusster zu kommunizieren und Gespräche gezielt zu beeinflussen. Diese Einflussnahme im Verlauf eines Gesprächs könnte man durchaus mit einer Manipulation gleichsetzen.

NLP und Manipulation sind nicht ein und dasselbe, dennoch haben beide eine Gemeinsamkeit: Bei beiden Praktiken geht es im Kern darum, eine Veränderung in einer Person zu bewirken. Eine Manipulation ist nicht immer positiv, während beim NLP immer eine positive Veränderung stattfinden soll. NLP-Techniken sollen Menschen dabei helfen, die selbst angestrebten Veränderungen umzusetzen. Sie sind vor allem als Hilfen gedacht, um erfolgreicher mit anderen Menschen kommunizieren zu können.

Manipulieren dagegen geht unbewusst und bewusst, erfolgreich und weniger erfolgreich und eben mit oder ohne den Einsatz von NLP-Methoden.

Haftungsausschluss

Die Umsetzung aller enthaltenen Informationen, Anleitungen und Strategien dieses E-Books erfolgt auf eigenes Risiko. Für etwaige Schäden jeglicher Art kann der Autor aus keinem Rechtsgrund eine Haftung übernehmen. Für Schäden materieller oder ideeller Art, die durch die Nutzung oder Nichtnutzung der Informationen bzw. durch die Nutzung fehlerhafter und/oder unvollständiger Informationen verursacht wurden, sind Haftungsansprüche gegen den Autor grundsätzlich ausgeschlossen. Ausgeschlossen sind daher auch jegliche Rechts- und Schadensersatzansprüche. Dieses Werk wurde mit größter Sorgfalt nach bestem Wissen und Gewissen erarbeitet und niedergeschrieben. Für die Aktualität, Vollständigkeit und Qualität der Informationen übernimmt der Autor jedoch keinerlei Gewähr. Auch können Druckfehler und Falschinformationen nicht vollständig ausgeschlossen werden. Für fehlerhafte Angaben vom Autor kann keine juristische Verantwortung sowie Haftung in irgendeiner Form übernommen werden.

Urheberrecht

Impressum

1. Auflage

Mind Experts wird vertreten durch:

Mark Walker / Waldstraße 8 / 76133 Karlsruhe

Printed in Poland
by Amazon Fulfillment
Poland Sp. z o.o., Wrocław

60521968R00066